孙镜峰／著

课程领导力这样炼成

世界图书出版公司

图书在版编目（CIP）数据

中国教育领航 . 第二辑 / 严华银主编 . -- 北京：
世界图书出版公司 , 2021.8
ISBN 978-7-5192-8643-9

Ⅰ . ①中… Ⅱ . ①严… Ⅲ . ①教育—研究—中国
Ⅳ . ① G52

中国版本图书馆 CIP 数据核字 (2021) 第 103693 号

书　　　名	中国教育领航 . 第二辑
（汉语拼音）	ZHONGGUO JIAOYU LINGHANG.DI-ER JI
主　　　编	严华银
总 策 划	吴 迪
责 任 编 辑	王林萍
装 帧 设 计	包 莹
出 版 发 行	世界图书出版公司长春有限公司
地　　　址	吉林省长春市春城大街 789 号
邮　　　编	130062
电　　　话	0431-86805551（发行）　 0431-86805562（编辑）
网　　　址	http: //www.wpcdb.com.cn
邮　　　箱	DBSJ@163.com
经　　　销	各地新华书店
印　　　刷	保定市铭泰印刷有限公司
开　　　本	787 mm×1092 mm　 1/16
印　　　张	127.25
字　　　数	2 222 千字
印　　　数	1—5 000
版　　　次	2021 年 8 月第 1 版　　 2021 年 8 月第 1 次印刷
国 际 书 号	ISBN 978-7-5192-8643-9
定　　　价	880.00 元（全 10 册）

丛书编委会

主　　　任：王仁雷

主　　　编：季春梅

副　主　编：回俊松

编 委 成 员：季春梅　回俊松　严华银

策　划　人：严华银

本书编者

著　　　者：孙镜峰

其言不立，何以成"家"

——教育家型校长思想生成之道

当我们把教育家型校长的发展目标定位在"立功立德立言"的高度，且将"立言"作为其发展的至高境界时，在教育家型校长成长与培养的过程中，发展主体和培养主体都会全力关注：如何培育教育家型校长的教育思想？如何帮助校长凝练教育思想？而最无法绕过的问题则是，我们今天究竟需要怎样的教育思想？

改革开放后，中国教育经历过短暂的辉煌后，忽然在商业化、市场化的大潮中受到强烈冲击，很快，外延扩张式发展与内涵跟进不及发生矛盾冲突，直至今天，以分数为评判标准的应试升学的热情从来就高烧不止。课程改革、核心素养改革，一场又一场倡导素质教育、立德树人的改革，尽管取得了令人瞩目的成绩，为我国几十年的经济、社会事业发展提供了强有力的人才支持，但我们也不能不看到，整体上，青少年的道德素养、综合能力、创新精神的培养还有明显不足，在一流杰出科技人才队伍的打造方面，还存在很多困难。从最近几年出现的问题看，人才品质问题、高品质人才教育问题，可能是影响和制约中国未来发展的至关重要的问题。

　　教育的问题当然不仅仅是教育本身的问题。但作为教育人，也还是要较多地考虑从教育本身来着手解决教育问题。参与了两届国家层面的教育家型校长培养工程，走进这些校长的内心和他们所在的学校，了解他们成长和发展的历程，我们最为深切的体会就是，校长、学校、教育的根本问题，一定是教育思想、教育价值观问题。尤其是校长，假如我们仍然认可有什么样的校长，就有什么样的学校，那么我们就可以说，有什么样的教育价值观，就有什么样的校长。从这一角度看，研究近几十年来的教育，研究教育的问题，首先必须关注教育思想和价值观的问题。

　　最近这几十年间，我们究竟有什么样的教育思想和价值观呢？比如说，我们有"为学生一生的幸福奠基"的"奠基说"，有"坚守儿童立场"的"立场说"，还有"没有教不好的学生，只有不会教的老师""办孩子喜欢的学校""教育就是服务""让学生永远站在课堂的中央"等一系列被某些人认为富有创意、极为宏大甚至伟大的教育观点和追求。但这些从某一角度和维度看非常正确的教育思想，联系教育方针确定的培养目标、学校教育和学生发展的实际，联系近年来教育和社会出现的种种问题，就会发现其中的偏执和矛盾，就会发现其给具体实行教育的学校管理者和教育者带来的问题不可小觑。一国教育的终极目标，是不是仅仅就为着生命个体一己之幸福，还要不要对家庭、家乡和家国的关怀和奉献？过分强化一己之幸福，无限滋长个人和利己主义倾向，与现实中许多社会问题的集中出现有没有某些关联呢？教育的意义在于引领成长，片面强调学生单向的"喜欢"，片面强调"儿童立场"，那教师、学校和教育的立场还有没有、要不要呢？如果没有和不要，那孩子是不是就可以野蛮生长，或者永远停留在儿童时代呢？一味地强调学生的可塑性，否定教育的复杂性，将教师置于无可再退的墙角，将教育和学校的责任增至"无限"，意义何在呢？原本教师主导、学生主体的非常正常的课堂关系，一句浪漫主义的文学夸张，让教师们不能不愕然：课堂里，学生站在"中央"，那我"站着"还是"坐着"，又在哪里是好呢？许多年来，有这样一种观点，凡不管用什么方法、怎样的表达，只要是为学生讲话，再怎样过分地讲话，从来都是正确的，一片叫好并跟风；相反，为教师讲话，讲传统和传统教育，讲孔孟、《学记》，讲朱熹、王阳明、陶行知，讲几十年教育中的本土实践、经验，响应者、问津者似乎寥寥。我们以为，上述种种轻忽教育立场、弱化教育力量、虚化教师地位、教育理念表达"文学化"的现象，与"教育领域中某些教育者唯西方是从，漠视国情、漠视教育传统，轻视甚或蔑视本土实践和本土经验的教育研究风气"紧密相关。于是，这些人要么把教育做成了西方教育哲学的跑马场，言必称建构主义，到处必说佐藤学；要么就是信口开河，语不惊人死不休，把原本属于科学的教育，几乎化作了浪漫想象、天马行空的"文学"。

今天，中国教育"转型"发展，"高品质学校"建设任重道远，尤其需要成千上万的教育家型校长突破现实某些教育思想和教育实践的误区，努力建构自己的卓越的教育思想，"领航"千千万万学校，"领航"区域教育，"领航"中国教育，解"唯分"困局，破"应试"冰山，实现党中央、国务院提出的完善"德智体美劳全面培养体系"，健全"立德树人落实机制"的改革目标。

何为教育思想？教育思想本不神秘，并不像某些人理解的那样高深莫测。它实际所指就是办学思想，即校长对于教育的认识、理解、见解、主张、理念、观点，在具体的办学实践中的执行和落实，或者说是从学校的教育教学和管理行为中梳理总结出来的教育理念和思想。它包括教育观、课程观、教学观、教师观、学生观等。这为任何一所学校任何一个校长所具有。

但从上述分析可知，由于种种因素，不同学校、不同校长，其教育思想又有高下之别。真正卓越的教育思想，一定是共性与个性的统一，一般与特殊的统一，坚守与开放的统一。真正优秀的教育思想，一定是切近人性，尊重科学，符合规律的；真正优秀的教育思想，一定是指向道德，关乎人格，追求情怀的；真正优秀的教育思想，也一定是基于本土，博采他山之石，合于教育价值的。

据此，我们来研究教育家型校长卓越的教育思想的建构问题。

第一，崇高道德必须成为教育思想的内核。让"社会主义事业的建设者和接班人"与"立德树人"的方针、目标和价值观落地，就必须旗帜鲜明、大张旗鼓地弘扬人格与道德、情怀与境界的教育追求。以善良诚厚为本，不断锤炼个性、意志、品格，正确处理好己与人、私与公、个体与群体的关系。传承中华传统，见贤思齐，修身齐家，奉献祖国，达成个人价值和民族伟大复兴的统一。美国普林斯顿大学以"普林斯顿——为了给国家服务"为校训；清华大学以"厚德载物，自强不息"为校训；南开大学以"允公允能，日新月异"为校训；江苏省锡山高中以"做站直了的中国人"为校训，可以说，这些都是办学主体对于教育本质的精准理解和把握。将教育思想的内核由过于偏重个体、个性和个人的幸福的"小我"追求，"转型"至对于家乡、家国、民族的大爱与奉献，达成个人价值与民族复兴统一的"大爱"情怀，既是时代发展的迫切需要，也是社会主义核心价值观的体现，更是教育的根本意义和价值所在。而这一问题的解决，需要校长们站位高远，秉持理想，需要校长们全神贯注、全力以赴。

第二，建构教育思想迫切需要校长们思维理性的修炼和提升。教育思想的重要特点是富于个性，是校长在教育教学实践和办学实践中基于教育的个性化理解而逐渐成熟的办学理想和育人理想，但任何教育思想又必须契合国家主流的教育价值观。个性与共性的统一可以说是教育思想确立的基本原则。教育思想是关于教育问题的本质表达，所以需要拨开云雾，不被表象所迷惑。就育人而言，道德、人格、思维、理性、创新都应是其不可或缺的元素。不仅如此，在凝练教育思想的过程中，还得借助辩证思维、逻辑思维等，处理好传统与现代、人文与科学、传承与创新、借鉴与坚守、专家引领与自主建构的关系。

第三，教育思想的成熟，从来都伴随实践，且伴随实践反思。教育思想首先是优秀校长的，是优秀校长在办学实践中逐渐形成的。办学和教育实践是教育思想之根。从实践之根出发，长出教育之参天大树，并最终凝结为思想之果。这一浩大工程、漫长过程，伴随的是实践主体——校长的不断修剪、打理、矫正和选择，也就是说，反思、改进、践行、循环往复，追求最好，走向更好，是教育家型校长教育思想成熟的必由之路。福建三明学院附小林启福校长带领学校教师，借助专业支持，经过十余年艰苦探索，从"幸福教育"走向"福泽教育"。本期领航校长，宁夏银川金凤三小王晓川校长，在领航专家团队的启发引领下，将原本"说学"并重的教育理念，逐渐明晰为"说以成理，学而至善"，直抵教育本质，实现了教育思想的一次蜕变，正是其实践反思、理性辨正的成果。

第四，教育思想的表达，从来都需要严谨缜密，抓住要害和关键。近年来，在某些区域校长培养过程中，某些校长教育思想的凝练，表现出经院式、标签化、概念性、文学风倾向，助长了办学和教育教学的浮躁、功利和知行不一，这尤其需要教育家型校长通过理性思维，明辨真伪，去粗取精，并最终找到最为科学的表达方式。新疆生产建设兵团华山中学邱成国校长的"才丰似花，德厚如山"理念，海南陵水中学张勇校长的"仁智教育"理念都是十分经典的表达例证，值得借鉴。就教育思想在校园中的呈现而言，育人理念和思想最为根本；就育人文化的呈现而言，校训最为根本。因为学校的价值就在于育人，校长的训词则是对被育对象的严肃训诫和要求，突出呈现这些，就是突出学生主体，就是突出教育的本质。目前，一些区域学校，校园中贪多务全的思想和文化表达，常常淹没了发展主体、教育主旨和核心，其成效适得其反。

教育家型校长，又被称之为领航校长，所谓"家"，"家"在何处？所谓"领航"，究竟引"领"什么？"航"向哪里？至关重要的还是教育思想问题。尤其是在今天这样一个价值多元、教育转型的特殊时期，教育家型校长通过卓越的教育思想，发挥其领航价值，推动我国基础教育快速稳步发展，意义十分重大。

丛书编者

2021 年 5 月

专家感言

　　三年转眼过，在中国教育改革的热土地——江苏，在教育部名校长领航工程基地之一——江苏省师干训中心，一群教育专家，与一群可以被称之为教育义勇军、先行者的领航校长——教育部第二期名校长领航工程9位学员，走过了一段峥嵘、卓越的岁月。

　　他们，阵容并不壮大，少时十数人，多时数十人。问题是，当五湖四海、出类拔萃的校长精英与长三角首屈一指的教育专家一朝相逢，而且一发不可收地亲近、交融，终至于合二为一，成为志同道合的教育"行者"，其生发的聚合和裂变，其结晶的意义和价值，你怎么估量都不为过！

　　曾记2018年，北京受命，南京启航，从此，基地精致组织协调；导师沉稳领航引导；学员潜心研学，竭力修正，其教育内涵逐渐丰富、厚重，其学校文化越发凝练、科学。三年中，被"领航"者，又"领航"着各工作室的成员和学校；三年中，基地、导师、学员、学员的学员，还"组合"成"教育志愿军"，一组一组，一次一次，深入大凉山腹部，从昭觉到布拖，让教育的"精准帮扶"生根校园，惠及教师，落地课堂，直抵每个孩子的心底。

就是在这样的"层递领航"中，我们的理念、能力，我们的情怀、境界，我们的思想、经验，经千锤百炼而不断精进；而且，就在这样的行走中，我们"扩容"了"领航"内涵，拓展了教育价值，也升格了人生境界，终于，我们真的可以无愧于"教育家型校长"的称号。

我们还积累了许多教育的感想和哲思，创造了许多美好的邂逅和故事。我们更收获了深厚的友情，沉淀了悠悠的思念。

终于，到2021年，在安徽池州，在天津南开，在山东济南历城，三场高端的教育思想研讨会，水到渠成地举行，每一位校长，从个人经历中发现成长，从教育行走中感悟价值，从办学成就中梳理经验。终于，一朵名为教育思想的花儿，经历远远不止十月的孕育，含苞，又顺畅绽放，并被精彩命名，且被专家们洞幽烛微地阐述、"微言大义"地点评，由此，她、她们，名正言顺地盛开在中国教育思想的家园。

这里，我们撷取三年生活的"散点"，轻拂去岁月的"尘封"，从痕迹到线索，从即景到场面，真实描述，定格展示。其意义，除了留存和总结，还期望复苏记忆，活跃联想，让所有的亲历者偶尔或者常常回放、回望或者回味——

因为，不论是谁，一生中又能有多少这样的三年呢？

目录

第一章

新时代教育家型校长迫切需要提升校长课程领导力

第一节　新时代呼唤校长实现由行政管理者到课程领导者的转型

一、立德树人的教育目标呼唤校长转型

当前的教学以分科教学为主，但学科之间知识割裂，壁垒分明。实践证明，分科教学有利于学生学习系统的学科知识，但这样的教学学生习得的更多的是考试的素材，而不利于学生关键能力的培养。同时，中国教师很大一部分缺乏课程意识，教学内容碎片化，教学方式随意化，教师没有课程观。彼此割裂的分科教学和碎片化的知识传授难以发挥整体育人功能，不利于学生关键能力的培养和立德树人教育目标的达成。目前很大一部分校长的核心工作是以管为主，在这种理念下的学校，校长往往管得过多、过细、过死，学校表面看上去井井有条，实则十分僵化，从学校管理，到教师备课、上课都形成了程序化、格式化的东西，缺少生成和创新，长此以往，带来的结果必然是教师厌教、学生厌学，学生关键能力的培养更是无从谈起。

我们曾经想当然地认为，教育就像堆积木一样，把各个学科知识叠加在学生身上，学生就会像我们所期望的那样成长。但这样教育的结果已经证明，我们的学生一旦遇上实际问题，便束手无策，瞬间倒塌。校长只有站在立德树人的高度，认真思考培养什么样的人、如何培养人的问题，只有校长实现"转身"，也就是要实现由行政管理者到课程领导者的转型，提升校长课程领导力，通过对课程的整合，构建起培养"完整的人"的学校课程体系，既充分发挥分科教学的优势，又尽量减少分科教学的弊端，让多科知识得到统整和优化，让国家课程得以更有效实施，让课程更有利于培养学生能够适应未来社会发展的关键能力。

二、校长实现由行政管理者到课程领导者转型的举措

1. 改变管理关系，让校长与教师的关系由管理与被管理的关系转变为追随与被追随的关系

好的管理，可以激发教师的积极性和创造力；反之，则会抑制教师的积极性和创造力。课程改革是基于国家课程标准，是对国家课程的再加工、再建构、再创造。创造如同培育种子，需要有适宜的温度和环境。校长要打造有"温度"的学校。学校在严格落实规章制度的同时，实行人文化管理。如：遇雨雪恶劣天气，教师迟到不计入考勤；教师每月享受两天的机动假期，教师既可以给父母过生日，或遇烦心事进行休息、调整；教师子女入学，校长帮助联系学校等。这样，让冷冰冰的制度有了"温度"，有温度的地方才更容易激发工作热情和创造力。营造适宜创造的环境，需要改变管理关系。在一所学校里，如果校长与教师的关系仅限于领导与被领导、管理与被管理的关系，那么教师的工作仍是被动的，甚至是抵触的，真正地触及灵魂的课程改革很难发生。只有打破陈旧的"管理与被管理"的关系，通过规则之治，激发起教师的内动力和创造力，校长与教师由"管理与被管理"的关系改变为"被追随者与追随者"的关系，课程改革才会真正发生、持续发生。

2. 将选择权交给教师，教师由制度被动执行者转变为规则制定者

不少学校过分地量化管理导致教师过分看重"分数"。这里的"分数"既指学生的考试分数，又指学校对教师的考核分数。实际上，教师的很多工作是无法量化考核的。但正是诸如师德水平、对学生的用心程度、教师的创造力等无法或不好量化考核的东西，决定着一位教师的优劣和差异。而不少学校已经固化的考核办法无形中影响和制约着教师的创造力，让教师的工作归于平淡，让教师归于平庸。作为校长要认真审视、反思学校现行的教师考核办法，看其是否已经成为制约教师创造力迸发的"桎梏"。对不适应新的教育发展要求的考核办法就要进行修改乃至废除。说到底，随着课程改革的深入，需要对学校的管理规则进行重建。晏婴小学原来对教师教学工作的考核采取的是"一刀切"的考核办法，无论教师任职年限长短和工作表现如何，一律采取统一的教学常规检查方式，甚至对每个学科备课采取的模板和作业的形式都要求一致，教师和学生只负责"填空"就行。这样做的好处是看上去整齐划一，十分美观，但却遏制了教师的创造性，让学生索然寡味，兴趣尽失。近年来，笔者作为校长在调查研究的基础上，在学校推行常规免检制度，学校对免检教师不再实行"数

节数"（指检查教师备课）、"算分数"（指依据学生考试分数考核教师），而是依据各学科学生应具有的关键能力的评价，以此决定对教师的考核成绩。这样，引导教师由学校的规定动作转变为教师的自选动作，由被动应付转变为主动创新，大大激发了教师的创造力。晏婴小学英语教师边春霞在认真研究国家小学英语课程标准的基础上，学习借鉴英美国家英语教学经验，创造性地开发了更适合中国孩子学习英语的《阶梯英语课程》，它不仅打破了小学英语教材的局限，而且改变了支离破碎的英语学习方式。《阶梯英语课程》分为自然拼读、情景口语和原版阅读三个子课程。在小学三年级，实施自然拼读子课程，重点培养学生的拼读能力，让学生做到"看词能读、听音能写"；在小学四年级，实施情景口语子课程，重点提升学生的交际能力，让学生做到"听得明白、答得正确"；在小学五年级，实施原版阅读子课程，重点提升学生的阅读能力，让学生做到"读得明白、写得出来"，努力培养"乐于表达的跨文化传播者"。《阶梯英语课程》以学生为中心，使得课程带有教师的思想烙印，教师不再是教材的传授者，而成为课程的创生者。学校成立由课程专家、学科带头人组成的课程评价委员会，重点依据课程目标进行评价考核。从英语学科来说，就是区分不同年级学生的情况分别从英语拼读能力、交际能力和阅读能力等关键能力进行评价考核，这样的评价才会获得"乐于表达的跨文化传播者"的培养目标。否则，只能是得到"羞于开口的擅考者"。

3. 构建教研共同体，让教师由教研被动参与者转变为教研领导者

晏婴小学在课程改革的推进过程中，逐渐认识到教研组建设起着至关重要的作用，因为课程改革是一项专业性很强的工作，离不了专家的指导。但专家只能帮助解决方向性的问题，不可能事无巨细什么问题都靠专家解决。行政管理理念下的教研组，以行政为主，形式大于内涵，真实性的教研很难发生。课程改革背景下的教研组，是真正的团队，它有共同愿景、共同追求和共同的价值观。在这样的团队里，每位团队成员各抒己见，畅所欲言，交替前进。在这样的团队里，无关乎成员的行政职务和工作年限，谁有独特的见解，谁能引领团队前行，谁就是自然的"领导者"。这些问题的解决只能靠教研组的力量，因此，"教研共同体"在晏婴小学应运而生。"教研共同体"与传统教研组的根本区别在于，传统教研组是由教研组长"把持"的，教研组长具有话语权，是理所当然的"领导者"。在"教研共同体"中，每名教师都成为这一新型教研组织规则的制定者，而不是被动执行者，从而大大激发起了每位成员的积极

性和创造性。在"教研共同体"中，真正起作用的不再是行政领导，而是专业领导，哪位教师研究力强，只要你有思想，有技术，能引领大家往前走，形成了自己的话语体系，你就是该领域的领导。在这样的团队中，会大大激发每位教师原始的内驱力和创造力，并最终形成整个团队的研究合力。这样的教研组无须行政干预过多，学校只需提供养料、水分即可，他们会走得很远。这就是"分布式领导"。"分布式领导"旨在放大"民间"的力量，让每位成员都成为活跃的"领导者"。一所学校，只有让每名教师都成为某学科某领域的教研领导者，这样的教研组才是有价值的，才能引领教师由职业走向专业。这样的学校将不再有平庸教师，而是每名教师都会从优秀走向卓越，甚至成为学科专家。同时，我们还突破传统教研组的局限，整合科研资源，积极推行"跨学科教研"，使不同学科教师以课程为纽带"拥抱"在一起，进行跨学科联合研究，打通学科间的"壁垒"，让研究成为工作的"新常态"。教研方式发生深刻变革，提升了教研的宽度和深度。"乐读学堂"课程就是跨学科教研的结果。"乐读学堂"课程是语文和音乐的跨学科整合课程，依据本课程的定位，语文老师和音乐老师在音乐和语文课程标准中选取相关领域进行横向和纵向的分析，确定课程的总目标；再结合对学情分析、教师分析确定专属于"乐读学堂"课程的各学段目标；通过对学生、学科、环境的逆向思考得出每学段的课程主题；与学生共同收集、讨论中确定课程的内容，从而进行有效的教学。"乐读学堂"课程主要借助学生喜爱的诗词、童谣为载体，将两个学科相互融合，通过"吟诵唱演"的方式，学习优秀的文学、音乐作品，学会多种诵读方法，提高诵读水平，根据不同的要素选择音乐，用多种形式表现诵读作品，打开身体，拓展思维，活跃想象力，增强学生表现力，提高学生审美能力。

第二节　参与式课程领导：学校管理变革的动力

一、学校管理呼唤变革

（一）校长单一行政管理者的角色制约了学校长远发展

笔者通过观察和调研（图表1）发现：更多校长的工作内容是学校机制建设等事务性工作，如安全、卫生、党务、审批、会议等，而对课程建设、文化建设、教师队伍建设等关注较少。校长是一所学校的灵魂，是用教育智慧让国家方针落地的践行者。课程是学校长远发展的"生命线"，教师是课程的实施者。校长仅作为单一行政管理者的角色，未关注学校课程建设，未对教师的课程素养提出明确要求，未给教师提供专业发展的机会和渠道，这些都直接影响学校的长远发展和深度发展。

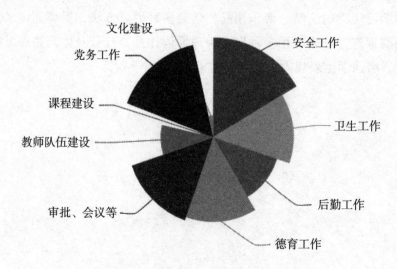

图表1　X区学校校长主要职责调查统计图

（二）教师匮乏的课程意识阻碍了学校内涵发展

1. 学校师生结构现状

临淄区晏婴小学始建于 2010 年，师资状况是由一所撤并的农村小学的教师 24 人，另加从其他农村学校调入的教师，共计 45 名教师组成，教师可谓是来自"五湖四海"。到 2018 年，全校教师总数达到 94 人（图表 2），其中原始学历为中师有 48 人，占到总人数的 51%，专科学历 24 人，占到总人数的 25.5%，本科和研究生学历的仅有 22 人，占到总人数的 23.4%。教师学历水平不高、年龄结构偏大、身体状况欠佳等实际现状决定了教师整体素质不高，这成为制约教师发展的重要因素。

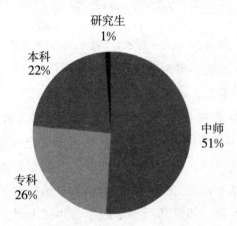

图表 2　临淄区晏婴小学教师原始学历饼状图

2. 教师课程意识现状

通过调研本校教师（图表 3）发现：教师的主要任务是教，是按照教材、教参和标准答案去教，而很少有人站在专业角度思考为什么要教这些，为什么要这么教，怎样教更好，如何才能达成教是为了不教。教师成了教材、教参的简单照搬者，成了游离于研究之外的被动旁观者，成了教育部门各项要求的机械执行者。教师没有课程观，缺乏专业素养，教学内容碎片化，教学方式随意化，照本宣科，机械灌输。随着课程改革的实施，如何让教师提高课程意识和课程构建与实施能力，引领教师实现由教材的"搬运工"和"复读机"转变为课程的创生者和育人的引领者，成为提升学校内涵发展的重点任务之一。

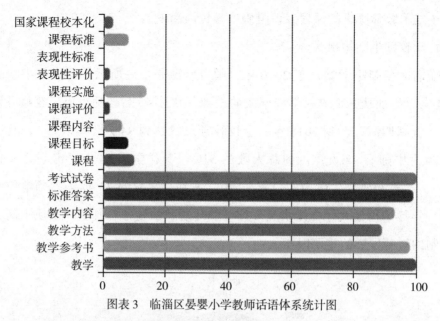

图表3　临淄区晏婴小学教师话语体系统计图

（三）学校教育的诸多弊端影响了学校高品质发展

1. 过于强调学科本位，缺乏整合的课程结构

课程是学校教育的核心竞争力，是落实立德树人根本任务的主要载体。2011年初，笔者对本校不同课程与版本的内容做了全面而具体的分析，发现学校课程存在强调学科本位、缺乏整合等问题，不能很好地发挥课程应有的育人功能。主要表现在以下几点：一是部分学科教材编写时"各自为政"，存在交叉重复、无效教学现象。如青岛版小学数学二年级上册一个单元的主要内容是认识方向，而同版本的三年级下册《品德与社会》一个章节的内容也是认识方向。二是同样的教材在全省甚至全国范围内统一使用，无法顾及每个地区的地域特点和风土人情，有些素材距离学生生活实际较远，学生理解起来较困难。三是分科过细，不利于学生综合能力和核心素养的培养。教学是分科的，但问题是综合的；学习是分科的，但生活是综合的。分科过细导致学科间缺乏横向联系，呈现碎片化状态，难以发挥课程的整体育人功能。

2. 越开越多的课程门类

小学每天6节课，一周共30节，但课程的门类越来越多，学校还要开发实施校本课程。以小学四年级为例（图表4），国家课程有语文、数学、英语、音乐、体育、美术、科学、道德与法治、信息技术和综合实践，共27节，地方课程有传统文化和环境教育2节，校本课程2节和少先队课1节。三级课程总共32节，在一周 30 节课的现状下难以按照要求实施所有的课程。

国家课程										地方课程		校本课程	少先队课
语文	数学	英语	音乐	体育	美术	科学	道德与法治	信息技术	综合实践	传统文化	安全教育（环境教育）	若干	
7	4	2	2	3	2	2	3	1	1	1	1	2	1

图表 4　以小学四年级为例的课程统计表

3. 工厂式大班授课制教育模式

1632 年，捷克教育学家夸美纽斯在《大教学论》中首先从理论上对班级授课制进行了阐述，确定了班级授课制的基本轮廓。19 世纪，德国教育家赫尔巴提出了教学过程的形式阶段理论，班级授课制得以进一步完善而基本定型。20世纪中叶，以苏联教育家凯洛夫为代表，提出了课的类型和结构，班级授课制得以形成一个完整的体系。但随着时代发展，班级授课制的问题也逐渐显现，传统班级教学难以适应学生的个性与独创性的发展需求，主要表现在以下几方面：一是相同的学习目标、学习内容和学习策略对待不同的学生。教师在课堂教学中惯于用中层学生的标准确定单一的内容标准对待参差不齐的学习群体；教师惯于用固定的学习策略对待个性、品性不同的学习群体。二是对待学习能力较弱的同学关注度不够。学习能力较弱的学生由于难以完成学习目标，学习主动性和自尊心受到严重打击。长此以往，造成学习的恶性循环圈。

二、从传统课程领导到参与式课程领导：校长角色的演变

（一）传统课程领导

有人认为，传统的课程领导等同于课程管理，侧重于对课程方面的安排、执行，侧重于自上而下的"监管"和"监控"，较多考虑管理中的技术因素，是一个权利和信息集中于高层的等级体系。在等级体系中，校长作为领导层颁布明确的计划和日程，参与人员遵守；制定明确的书面规章和程序；坚持等级式的管理和对底层人员的监管。校长成为决策与标准的制定者、命令与任务的监管者。教师在等级体系中成为命令与任务的执行者，缺乏对决策与标准的参

与权，工作的积极性源于校长等领导层的外部压力，缺乏主动内驱力。校长与教师成为上下层级界限明确、任务职责明确、思想行为相互"绑架"的组织关系。从某种意义上说，在中央集权的课程行政下，传统的课程领导即课程行政。

（二）参与式课程领导

1. 参与式课程领导的理论假设

组织决策上倾向于分权和决策共享是有效领导者的重要特征。参与式课程领导以"人人都是深度参与者"为基本理念，包含了课程所有相关要素的课程领导体系。其中，课程领导共同体是把具有独特的认知与理解、主动的探究与行动等价值属性的成员联系在一起的组织，共同决定学校课程组织、决策、实施等行为。

2. 参与式课程领导的概念及特征

参与式课程领导是以人为本思想指导下的适应学校课程改革的行政体制，以分权和决策共享为课程实施政策，有效组织，促进全员、深度参与的一整套学校课程机制。它旨在摆脱课程行政中"监管""控制"的思想，转换成一种合作的、协作的、共赢的组织系统。在这个"人人都是深度参与者"的系统中，课程最高领导者不再是校长、管理人员，不同层级的人员都成为课程的决策者、参与者。校长与师生之间不再是上下级的命令与服从、管理与被管理、指令与执行的关系，而成为一种持续促进的互动关系。组织系统内所有人员积极性得到充分调动，创造性得到充分发挥，活力得以充分展现。参与式课程领导作为笔者学校实践探索出的课程领导思想，具有以下显著特征。

深度参与性。参与式课程领导的主体是课程领导共同体。共同体成员深度参与学校育人目标制定、课程体系构建、课程规划与实施、课程检测与评价等项目。

平等协作性。课程领导共同体强调的是一个团体或组织，不是校长个人，而是教师、学生和领导的共同体。校长与教师、学生有着同等的"权利"地位，是平等的协作关系。团体内成员之间互相借力，互相推动，互相成就，具有强大的凝聚力、内驱力和研究力。

目标一致性。课程领导共同体是由具有共同愿景、共同追求、共同价值观的校长、教师、家长、学生等组成，目标是更好地促进教师的专业发展和学生的学业发展，最终达到学校的共同发展。

3. 参与式课程领导的作用发挥

（1）促进校长管理理念与方式的变革

校长是履行学校领导与管理工作职责的专业人员。参与式课程领导让校长从"指挥官"变身为与教师、家长、学生融合为共同体的"研究员"。校长要通过运用科学的课程哲学观、课程专业知识以及明确的办学理念，促进学校整体结构的转化升级，用课程改革牵动学校整体变革。

（2）转变教师角色定位与提升专业素养

参与式课程领导强调深度参与，改变了教师的遵从、被动接受的角色定位，转变成为主人翁式的主动参与，与学校、校长、同伴协同进步的角色属性。在实施过程中，深度参与学校课程目标的制定、学校课程体系的架构、学校课程实施及评价等，教师的系统思考力、课程构建与实施力、课程实施机制与管理力等明显增强，形成了基于学校发展的系统观、整体观、课程观等教育观念。

（3）提升学生核心素养

新时代学校教育终极目的是学生核心素养的提升。校长、教师素养与能力的提升属于阶段性成果，最终要靠学生的素养得以证明。站在"学校要培养什么样的人"的追问下，结合校情、学情等科学制定学校育人目标，分别指向不同维度的多个方面，并在此基础上构建指向不同方面的学校课程体系是提升学生核心素养的清晰、高效的路径。

（三）校长在参与式课程领导中的角色

为适应新时期课程改革、学校教师学生发展的要求，参与式课程领导实现了校长的角色转型：从自身方面，校长实现了从"行政管理者"到"课程领导者 + 行政管理者"的转变；从教师方面，校长实现了从"行政推动者"到"深度教研推动者"的转变，教师实现了从"被动参与者"到"课程领导者"的转变；从学生方面，校长实现了从"间接管理者"到"直接体验者"的转变，学生实现了从"被动执行"到"主动探究"的转变。

三、参与式课程领导对学校管理变革的动力作用

课程是学校管理、建设的核心要素，它与学校发展、师生发展、学校办学目标和谐统一、相互融合、互相促进。参与式课程领导强化了学校课程的研究、策划和实施，更有利于学校的发展。

（一）统领作用

育人目标是学校教育的方向。清晰的目标能提高学校工作效率；反之，不清晰的目标，致使工作随意性大，效率低下，教育质量随之下降。课程即目标统领下的校本实施，与育人目标、师生发展相辅相成。参与式课程领导强化了课程目标的核心地位，突出了课程在学校全局工作中的重要地位，统领了学校其他工作，有利于学校趋向优质、均衡。

（二）推动作用

学校教育的终极目标是培养人，所有工作的核心也是为了人的发展。参与式课程领导让教育回归本真，让教师围绕学生的发展，走专业化发展之路，推动了学校办学水平的提升。

（三）唤醒作用

学校发展依靠教师，教师发展依靠课程，但受传统行政管理的限制，多数教师课程意识差、自我发展意识薄弱。参与式课程领导改变了教师的行走方式，唤醒了教师发展的意识，有利于教师专业认同、主动发展。

（四）铸造团队

参与式课程领导改变的不仅是校长的工作状态，更把教师、家长、学生等凝聚到一起，成为一个共同体。在共同体的研究过程中，团队文化得以形成，团队精神相互影响，提升了核心凝聚力。

第二章

如何提升校长课程领导力

第一节 如何提升校长思想力

本人从 2010 年 7 月担任晏婴小学校长。从担任该校校长之初，本人就不断地思考和追问：我应如何当好这所学校的"掌舵人"？我要引领这所学校走向何方？晏婴小学要培养什么样的学生？简单地说，本人作为校长的教育主张到底是什么？

一、校长的教育思想从哪里来？

大家对这样一句话都耳熟能详：一位好校长就是一所好学校。那么，一位好校长的主要特征是什么？比如：优秀的管理经验、满腔的教育情怀、突出的课程领导力等等。以上这些都很重要，但本人认为，一位校长最重要的莫过于具有先进的教育思想。因为只要校长具有了先进的教育思想，优秀的管理经验、满腔的教育情怀、突出的课程领导力等等都可以获得。那么，校长的教育思想从哪里来？校长如何才能具有较强的思想力？这是各位校长都在不断地追问和思考的问题。本人结合担任校长的经历和感悟，认为校长的思想力要从以下三个维度的有效融合。

一是国家诉求。学校需要首先搞清楚国家期望和育人目标，也就是国家需要什么样的人才。这是学生关键能力的根源。校长如何准确把握国家的教育诉求，这就需要校长认真研读国家的一系列教育法律法规，还要研读国家最新颁布的文件，因为这些文件更能反映国家对教育发展的新要求、新思路、新举措。如：中共中央、国务院发布了一系列关于教育的文件，诸如《中共中央、国务院关于全面提升中小学教育质量》等文件中，如何提升中小学教育质量，推进课程改革是重要举措，课程是学校为学生成长提供的教育产品，优质的课程是促进学生健康全面发展的重要保障。因此，校长的教育思想就需要紧扣国家的诉求和目标。

二是地域文化。俗话说：一方水土养一方人。校长还要认真研究学校所在地的文化传承和地域特点，承担起传承优秀传统文化的历史使命。晏婴小学地处齐国故都，沐浴着古代泱泱齐风与现代开放之风的熏染，学生的培养与成长应从独特深厚的齐文化中汲取营养。这是学生关键能力成长的土壤。

三是学校基因。校长作为学校的灵魂，在教育思想的产生过程中起着核心作用。校长除了要研究国家和地域这些共同的属性以外，更要立足本校实际，找到属于本校的文化基因。校长要进行顶层设计，首先明确学校要培养什么样的人的问题。作为学校，要上紧扣国家育人目标，下结合本校实际，只有让国家目标和学校主张"握手"，学生才不会水土不服，学生才会得到最好的成长。

综合国家诉求、地域文化和学校基因等三个方面来生发校长的教育思想，这样生发出的教育思想既符合国家诉求和地域文化，又具有本校的鲜明的特色和印记。晏婴小学最终确定了"为学生提供最适合的课程"的教育思想，这成为学校从校长到教师、到家长，乃至每个学生共同的价值追求。

二、如何让校长的教育思想有清晰的实施路径

经反复研讨和论证，基于学校实际，结合当地文化和课程建设基础，临淄区晏婴小学构建了包含明德课程、启智课程、健康课程、尚美课程、实践课程五大课程的课程体系（图表5）。晏婴小学课程体系以"立德立行、善思善辩"为总的育人目标，五大课程内又包含了一系列具体的课程，如明德课程包含了文明礼仪课程、德育主题课程、传统文化课程等；启智课程包含了慧读国文课程、阶梯英语课程、生活数学课程等；健康课程包含了体质检测课程、篮球精灵课程等；尚美课程包含了视觉思维课程、齐风乐舞课程等；实践课程包含了生活自理课程、手工制作课程、安全演练课程等。这些课程构成一个以"立德立行、善思善辩"育人目标为核心，以五大课程为统领，以多门基于国家课程标准的课程为载体的课

图表5　临淄区晏婴小学课程体系结构图

程体系。

三、如何让校长的教育思想成为每名教育相关者的共同追求

晏婴小学将办学目标按照纵向横向结合、层层责任分解的方式，让办学目标变细变小变深，明确校长、校干、教师、家长等每名教育相关者的责任，做到环环相扣、层层落实。所谓"纵向"，就是按照国家课程进行分解，明确每门课程在育人目标中所承担的责任，然后继续分解到该学科的每名教师，明确每名教师在学校总育人目标所承担的职责。并通过修改教师综合考核办法，使教师的教育教学工作更清晰地指向学校育人总目标，更能准确评价教师的课程实施成效，更能激发调动每名教师的工作积极性和创造性。所谓"横向"，就是将学校各个责任机构，按照课程管理中心、学生成长中心、行政运行中心、后勤服务中心等不同处室各自职责进行分解，实行扁平化管理，使每个处室的工作中心全部指向培养学生的必备品格和关键能力。这样，通过课程整合，构建起适合本校的课程体系和评价体系，这成为从校长，到教师，到家长，乃至每名学生共同的价值追求。

第二节　如何提升校长领导力

《基础教育课程改革纲要》指出："改变课程结构过于强调学科本位、科目过多和缺乏整合的现状，整体设置九年一贯的课程门类和课时比例，并设置综合课程，以适应不同地区和学生发展的需求体现课程结构的均衡性、综合性和选择性。"从中可以看出，这次课程改革针对现行课程结构的问题作了重大调整，强调课程整合。

开展课程整合是中小学课程教学实践的急切呼唤。而在学校实施课程整合的过程中，校长是其中的核心角色。只有提升校长的课程领导力，才可能促进一所学校课程整合的顺利推进，具体来讲，需要校长至少扮演好以下五种角色。

一、做课程整合的领导者

作为一校之长，学校方方面面的工作都要由校长负责。会"弹钢琴"的校长会抓大放小，有些工作按照责任分工，交给分管领导就可以把工作做好。但有些工作必须校长亲自抓在手上，并且要深入持久地抓才可能取得成效。课程整合就是这样一项非校长亲自抓、靠上抓不可的工作。校长要成为课程整合的领导者和第一责任人，因为课程整合是一项复杂的系统工程，是对教师多年来传统教学的一次推倒重建，甚至是颠覆。在学校推进课程改革的过程中，校长是核心角色、关键角色。如果校长不能将课程整合作为办学的核心工程来抓，只是开开会，讲讲话，露露面，将大量的工作交给分管校长去做，这所学校的课程整合刚刚开始就已决定了其最终结果，只能是不了了之。

1. 校长要创建宽松和谐的工作氛围

宽松和谐的工作氛围对于促进课程整合的进程能起到"催化剂"的作用。

课程整合不同于传统教学的照本宣科，需要激发起教师的工作热情，进而才可能唤起教师的创造力。为此，学校取消每天下午学生放学后的教师办公时间，让教师有时间照顾孩子和老人。遇恶劣天气或家庭特殊情况教师迟到，不计入考勤。每个月为教师设立两天的机动假期，使教师可以有时间参加父母生日等重要活动，让冷冰冰的制度变得有"感情"。教师本人或其父母生病，校长亲自探望，让教师体验到人文的关怀。只有创设宽松和谐的管理文化，使教师工作舒心，人际关系和谐，人格受到尊重，个性得到张扬，才会激发起教师的创造性，课程整合才会得到健康持续发展。

2. 校长要提升对课程的领导力

课程整合对校长的课程领导力提出了很高的要求，甚至可以说，校长对课程整合的领导力是确保课程整合顺利推进，直至取得明显成效的最大保障。校长如果将课程整合这样的工作完全交由分管校长去做，势必会导致课程整合沦为"二类"工作，最终很可能导致课程整合半途而废。校长必须加强对课程的学习，要做到懂课程，做课程的明白人。校长既要向课程专家学习，还要向课程整合的教师学习，才可能理解课程整合，领导课程整合，促进课程整合。

3. 校长要在教师中有较高的威信

古语说，"亲其师，信其道"，这句话用在校长和教师的关系上也很适合。因为在课程整合的初期，往往不是因为教师对课程整合的意义有多么深刻的理解，更多的是基于对校长的信任。如果校长在教师中有较高的威信，教师能够充分地信任校长，校长在引领教师走上课程整合之路上，会越走越顺，越走越快。因为课程整合不是单纯靠行政命令就可以做好的工作，需要更多地引导、鼓励、信任，甚至信仰，过多的行政命令往往导致课程整合虎头蛇尾、半途而废。

二、做课程整合的策划者

如果校长对课程没有到位的理解和把握，就随意决定对课程进行整合，往往会导致课程整合半途而废、无功而返。为了有效推进课程整合，需要校长从学校管理的顶层进行设计，如何让学校的管理更高效、更人性化、更有利于促进课程整合，如何塑造学校文化或学校精神，引领教师在整合的道路上走得更好、更远，如何做到合理安排、统筹协调各种研讨、学习、培训、交流、座谈、听课、评课等活动。这些都需要校长通盘考虑、策划设计，在不同的发展阶段采取最适当的策略和方式，才可能促进整合的有序进行，才会少走弯路，加快工作进程。

1. 策划实施方案，突出顶层设计

要想使课程整合顺利推进，离不了认真规划和从顶层设计实施方案。方案的制定要综合考虑学校的办学条件、管理状况、教师的实际等情况。方案包括现状分析、整体思路、具体步骤、时间安排、预期成果等。总之，要搞出一个"脚踏实地"的课程整合实施方案，而不是靠"借鉴""吸收"来的方案。方案的制定，离不了课程专家的高密度指导。晏婴小学从 2014 年开始，聘请山东省教科所课程专家张斌博士担任课程整合的常年合作专家。作为校长，要主动与课程专家进行反复的交流、协商、研讨，在专家指导下，才可能更科学、合理地设计出适合学校实际的课程整合实施方案来，才可以使课程整合得以顺利进行。

2. 策划整合活动，搭建多种平台

在课程整合的不同阶段，适时举办报告会、培训会、研讨课、展示课、网上交流等各种活动，可以加快课程整合的步伐。校长要在对课程整合的现状、进度、今后思路等准确把握的基础上，合理安排相关活动，搭建多种展示平台。在合适的时机开展合适的活动，就可以加快整合进程。相反，就会影响工作步伐。

3. 讲究工作策略，引导教师"上车"

教师是实施课程整合的主体。教师是否参加课程整合，不能搞"一刀切"。有些教师由于能力、身体、家庭等原因，不参加课程整合是可以理解的，也是应该允许的。为了引导教师积极参与课程整合，晏婴小学采取了"上车体验，自愿选择，欢迎上车，不分先后"的工作策略。所谓"上车体验"就是全体任课教师首先进行了为期一个月的"体验式"培训，通过专家报告、学习研讨等方式，体验什么是课程整合，如何进行课程整合，让大家对课程整合有一个初步认识。所谓"自愿选择"，就是在"体验"结束以后，采取自愿报名的方式成立各学科的整合团队。在这个环节，校长要采取重点突破、以点带面的方式点燃教师对课程整合的兴趣，引导更多教师"上车"。所谓"欢迎上车"，就是让那些在课程整合之初，由于对课程整合理解不到位或身体、家庭等原因未加入，后来又想加入的教师，校长要做到"革命不分先后"，积极帮助后来加入的教师尽快融入整合团队，并迎头赶上。

三、做整合活动的全程参与者

在课程整合的过程中，校长的全程参与至关重要。不参与，就不了解；不了解，就没有发言权。勉强发言，也不能切中要害，不能打动教师，问题就很难得到彻底解决，将直接影响整合进程。校长是教师的"风向标"，教师不仅在乎校长说什么，更在乎校长在做什么。在课程整合过程中，校长如果只是旁观者，只是偶尔露露面、讲讲话，不与教师"战斗"在一起，不仅影响教师的情绪，还直接影响课程整合的进程和结果。在课程整合中，校长的全程参与是一种"催化剂"，可以促进课程整合顺利进行。校长要做课程整合的"顺风耳"。只有参与，校长才能及时了解教师的所思所想，及时听到教师的心声，而不是靠听汇报来了解有关情况。校长与整合团队的教师们一起学习、一起培训、一起研讨、一起交流，不仅对教师是一种鼓励，还通过直接参与课程整合，成为课程整合的行家里手。校长要做课程整合的"及时雨"。校长在参与课程整合期间，只有及时发现存在的问题，才可能采取有针对性的措施，使问题得以及时解决。如在整合期间，发现不少教师的课堂教学与学期初制定的课程纲要脱离的问题。这时校长要及时与专家进行沟通、研究，制定对策，强化措施，使问题得到及时解决，确保课程整合的健康发展。校长要做课程整合的"压舱石"。在教师们遇到困难、徘徊不定的关键时刻，校长的鼓励和肯定就可以起到稳定"军心"、坚定信心的作用。随着整合的逐步推进，工作难度越来越大，对教师的要求也越来越高，有的教师就出现了"何必跟自己过不去，弄得自己心力交瘁"的想法。校长发现这种情况后，要及时做好相关教师的思想工作，肯定其成绩，稳定其情绪，防止负面情绪的蔓延和传播，从而确保了整合工作的顺利进行。

四、做课程整合的促进者

教师在课程整合过程中会遇到各种困难和问题。这时，就需要校长直面问题，不回避、不退缩。课程整合成功的关键在教师。从某种意义上讲，课程整合就是对教师的重塑，要彻底打破教师多年来的教学模式是一种痛苦的历程，甚至是类似凤凰涅槃的过程，教师难免会出现畏难情绪、有怨言，甚至退缩。此时，作为校长要对教师进行及时的鼓励。晏婴小学在 2014 年启动课程整合以后，首先进行的是基于课程标准的教学设计。刚开始各学科的进展速度较快，让一些教师产生了课程整合并不难，也不过如此的想法。随着整合的逐渐深入，不仅要研究教材，要重建课程，还要改变教师多年来已经形成的但并不适合课程要求的教学习惯，有些甚至是教师引以为自豪的习惯。这个时候，不少教师甚至对课程整合的方向产生了怀疑。这时，就需要校长及时发现教师思想上出现的问题，需要校长对教师准确把脉，对症下药，单独谈心，分析问题，让教师明白课程整合既不像原来想得那么容易，也不是遇到困难后的高不可攀，并且帮助教师找到确保整合顺利进行的三件"法宝"：即专家指导、团队集体智慧和个人努力。确保教师放下包袱，轻装上阵，促进课程整合的进程。

第三节　如何提升校长牵引力

有人认为，传统的课程领导等同于课程管理，侧重于对课程方面的安排、执行，侧重于自上而下的"监管"和"监控"，较多考虑管理中的技术因素，是一个权利和信息集中于高层的等级体系。在等级体系中，校长作为领导层颁布明确的计划和日程，参与人员遵守；制定明确的书面规章和程序；坚持等级式的管理和对底层人员的监管。校长成为决策与标准的制定者、命令与任务的监管者。教师在等级体系中成为命令与任务的执行者，缺乏对决策与标准的参与权，工作的积极性源于校长等领导层的外部压力，缺乏主动内驱力。校长与教师成为上下层级界限明确、任务职责明确、思想行为相互"绑架"的组织关系。从某种意义上说，在中央集权的课程行政下，传统的课程领导即课程行政。

好的校长要成为一所学校的"发动机"，释放源源不断的牵引力，是学校不断发展的动力源，这样的校长会不断地赋能校干、赋能教师、赋能家长，乃至赋能学生，让校干、教师、家长和学生真正成为学校的主人，激发每个与学校教育有关的群体与个体的积极性和创造性，将会成为办学合力的"倍增器"，推动课程改革不断深入，推动学校不断前行。

1. 校长赋权于校干，使校干由"二传手"转变为"责任者"

加拿大学者迈克尔·富兰指出：学校改进是一种组织现象，作为领导者的校长是关键，任何一所正在改进的学校，都有一位善于领导改进的校长。校长不能"贪权"，而是放权。校长一旦"贪权""揽权"，久而久之，就会扼杀中层校干（含副校长以及各位中层管理干部）的积极性和主动性，中层校干就会出现"怠政""懒政"，就会成为只动嘴不动脑的"传声筒"和"二传手"。中层校干没有权力，也就没有责任，更没有研究工作、用心工作的积极性。只有校长敢于放权、善于放权，才会最大限度地释放中层校干的积极性和创造性。

校长要赋予中层校干话语权、决策权、建议权和评价权等各种权利。同时，校长还要积极推进学校的扁平化治理，减少治理层级，尽量避免因层级过多导致的传导力、执行力逐级递减的情况发生。学校中层校干的权力要分散、共享，更加扁平的治理结构使校长和中层领导与教师的职能关系更加紧密。在扁平化的组织治理中，校长的重要性并没有降低，校长的领导力恰恰体现在规划学校发展方向和路径，并将所有主体的内动力进行整合、激活，共同促进学校发展。校长要与校干，甚至是教师，共同协商学校未来发展的战略，选取对学校有重大价值的研究课题，并一起研制可行的、专业的、可持续的实施方案。这样的学校，才会越走越远，越走越高，越走越好。

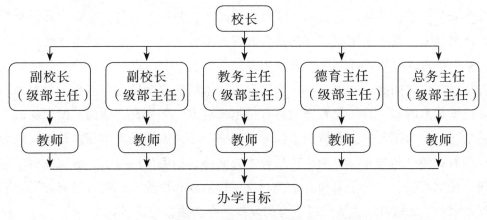

晏婴小学扁平化管理结构图

2. 校长赋权于教师，使教师由被动执行者转变为主动研究者

教师是一所学校的组成主体和教学主体，校长的教育思想和办学目标需要通过教师的教育教学行为去实现和达成。长期以来，校长主要的工作是学校管理，从教师管理层面讲，校长考虑最多的是如何将教师管好管细，这样做的结果往往是校长越管越多、越管越细，校长越来越累，教师的工作积极性却越来越差，教师的职业倦怠越来越严重，仿佛进入了一个恶性循环的"怪圈"。如何改变这一"怪圈"呢？这就需要校长赋权教师，从学校管理迈向学校治理，将规则制定权交给教师，让教师真正成为学校的主人，成为专业发展的主人，让教师由被动执行者转变为主动研究者。校长要赋予教师学校治理规则制定权、教学常规免检选择权、教研共同体运行规则制定权、教师职称评聘规则制定权、各类先进评选权、学校课程管理权、班级课表制定权、学科核心素养评价权、课程评价权等。这样，教师成了规则之治的利益相关者和具体实施者，由学校

管理的"外人"转变为学校治理的"家人",大大激发了教师的内动力和创造力。校长赋权教师,强调教师的深度参与,改变了教师的遵从、被动接受的角色定位,转变成为主人翁式的主动参与,与学校、校长、同伴协同进步的角色属性。在实施过程中,深度参与学校课程目标的制定、学校课程体系的架构、学校课程实施及评价等,教师的系统思考力、课程构建与实施力、课程实施机制与管理力等明显增强,形成了基于学校发展的系统观、整体观、课程观等教育观念。

3.校长赋权于家长,使家长由教育旁观者转变为教育同盟军

苏霍姆林斯基说:只有学校教育而没有家庭教育,或者只有家庭教育而没有学校教育,都不能完成培养人这一极其艰巨而复杂的任务。晏婴小学以往的办学局限于学校院墙之内,成了学校内部的"独角戏",将家庭教育和社会教育割裂开来,忽视了家庭教育和社会教育的不可替代性,导致学生接受的是不完整的教育。另外,随着国家教育水平的不断提升和发展,当前中小学生家长群体呈现出"四高"特点,即家长的学历越来越高,素质越来越高,对教育的关注度越来越高,对学校教育的诉求也越来越高。如何让"四高"型家长成为办学的"动力源",只有拆掉学校的"围墙",让家长走进学校,让家长成为学校教育的"同盟军",学生的成长才会成为我们希望的样子。事实证明,只要学校赋权家长,给予家长办学参与权、知情权和评价权,就可以充分激发和调动家长的积极性,大大促进教育的发展和办学质量的提升。

晏婴小学的家长课程资源库的成立和运行,就充分体现了家长的合理参与对提升学校教育质量的重要作用。晏婴小学在坚持自愿、量力而行、发挥特长的前提下,组织家长从个人职业、爱好、特长、合适时间、志愿方式等方面填写《家长课程资源库申请表》,学校进行分类整理汇总,建立家长课程资源库。学校和教师根据课程实施的需要,到家长课程资源库中查询,让适合的家长参与到课程实施过程中。家长中的医生、律师、厨师、导游、消防员、银行职员等成为重要的课程资源,纷纷走进课堂,丰富了课程内容和形式,深受学生欢迎。同时,学生进入银行、超市、企业、温室大棚等开展综合实践课程。这样,让海量社会资源不为我所有,但为我所用,大大弥补了学校资源的不足。家长课程资源库的组建,让家长中的课程资源由零散变为系统,由闲置变为实用,由被动变为主动,最大限度地发挥其价值,为课程建设服务,为培养"完整的人"服务。当教育者的视野从封闭的校园、狭窄的教室和单调的教科书中解放出来,站在社会大环境中寻找课程资源,拓宽学生成长空间,才能真正打破单一的课

堂模式，丰富课堂形态，为学生成长搭建更大的舞台。

4.校长赋权于学生，使学生由被动学习者转变为主动探究者

学校是学生学习的场所，学生才是学校的主人。主人就要有主人的权利。晏婴小学赋予学生各种各样的权利，大到班级命名权、班级公约制定权、教室文化设计制作权、学生自主管理权，小到学生自主选课权、作品展示权、开放式书吧管理权、学生自我评价权、对校长的建议权等。以教室文化设计制作权为例，学校赋予学生教室文化设计制作权，从而引发每间教室成为同学之间相互比设计、比创意、比环保的"展示场"。晏婴小学现有43个班级，每个班级的班徽、班牌、班级公约都是由学生来设计制作的。各班教室内的各式各样、创意独特的小盆栽，是学生利用废弃的塑料瓶、塑料桶、易拉罐、硬纸箱等环保材料设计、制作而成的。学生用家中用过的洗涤液塑料桶改造成的花盆如同振翅欲飞的凤凰，形态逼真、栩栩如生。学生用废弃的烧水壶栽种的小绿植被命名为"五壶四海"，看上去生机盎然、富有情趣。一个个造型各异的花盆呈现在教室里，加之里面学生亲自种植的土豆、辣椒、草莓、花生、绿萝、多肉、西红柿等各种植物，更是千姿百态、创意无限，成为一道独特的风景。有个学生在教室内制作了一个"鸟巢"。就这么一个"鸟巢"，它成为这个班的同学永久的记忆和留恋。从这个班里毕业的同学都要再回到这里，再看一看这个"鸟巢"，再看一看教导过他们的老师，再看一看他们学习生活过的"家"。

正是由于赋权学生，大大激发了学生的灵感和个性。在晏婴小学每间教室里，都能找到每名学生最得意的书法作品、绘画作品、手工作品和创意设计作品。教室由枯燥单调转变为张扬个性、创意无限。在晏婴小学，教室不仅仅是学生上课的地方，还是张扬学生个性的"展示场"，教室成为学生记忆中有创意、有温度、有留恋的地方。

第四节　如何提升校长研究力

一所学校要想深入推进课程改革，提升校长的研究力至关重要。这里的校长研究力，不仅是指校长自身的研究力，更重要的是校长要营造学校研究氛围，提升全体教师的研究力。只有整体提升教师的研究力，课程改革才会在一所学校得以有效推进。

一、校长要成为教育科研的身体力行者

长期以来，校长主要的工作内容是行政管理，考虑最多的是如何将学校管好管细，很少有校长将主要精力用在引领教师做教学研究上。但是，当代的中国教育已经步入了核心素养时代，如何让核心素养在学校落地成为校长面临的一项重要课题和使命。这就需要校长与教师一道靠研究制定出适合本校的解决方案，而不是靠拍脑袋随意制定解决方案。校长要与教师共同选取对学校有重大价值的研究课题，一起研制可行的、专业的、可持续的研究方案，开展一致性的集体研究行动，共同协商学校未来发展的战略。校长只有在真实的研究行动中与教师一起"游泳"，做一名教育科研的身体力行者，学校的课程改革才会有源源不断的驱动力，课程改革才会不断取得新成果、新进展。

二、校长要成为构建教研共同体的倡导者

传统的教研组以行政为主要推动力。从教研组的成立，到教研活动的开展都离不了行政推动。但行政推动长期占主导地位，容易导致教研流于形式，教研活动往往开成了布置任务、安排工作的会议，真正意义上的教研很少发生。一所学校要想有效促进核心素养的落地，教研组需要从行政机构转变为真正的

研究团队，也就是需要构建"教研共同体"。所谓"教研共同体"，就是在教师自愿的前提下，在教师职业生涯中组成的具有共同愿景、共同追求、共同价值观的教研组织，共同体成员之间互相借力，互相推动，互相成就，它具有强大的凝聚力、内驱力和研究力，从而引发真实教研和深度教研。这种"教研共同体"在开始之初离不开行政推动，需要校长来进行方向引领、资源调配、条件保障等，但随着教研的深入，行政力量要逐步退居"二线"，由行政领导让位于专业主导。要让具有专业话语权的人员起主导作用，构建起真正的教研团队。只有在这样的团队中，才会突破原地踏步的教研"怪圈"，才可能引发深度教研真实发生、持续发生，学科核心素养才会真正落地。

"教研共同体"完全不同于行政管理环境下形同虚设的"只教不研"的教研组。在教研共同体的建设中，校长的推动作用至关重要。一是需要校长营造良好的教研文化。其核心是要破除"你好我好大家都好"的虚假教研氛围，创设"优点不讲丢不了，缺点不讲不得了"的真实教研文化。在教研共同体中，人与人之间的关系是紧密的、平等的、安全的。教研过程中大家谁也离不开谁，互为资源，互相成就。有了这样的教研文化，力量会聚焦，智慧会生成，教研中遇到的焦点、难点问题才会得到解决。二是需要校长引导制定教研评价规则。教研共同体需要建立以"教研中有价值的问题提出者和解决方案提供者"作为对每位成员考核的主要指标的评价规则，才会引导每位成员聚焦有价值的问题，才会促进深度教研。三是需要校长"时隐时现"。一所学校要打造真正有研究力的教研共同体，校长的角色定位十分重要。校长要做到时强时弱，时隐时现。作为校长，除了要经常深入课堂以外，还要不定期参加各教研共同体的研究活动，并做到多听少讲。这样做的目的是为了及时了解情况，准确把握问题，精准解决问题。在教研共同体建设推进顺利时，深度教研真实发生时，以及每位教师的作用都能得到发挥时，此时校长应该是服务者和隐退者，将"舞台"交给教师，让他们尽情施展。只有此时行政的弱，才会带来专业的强；当教研工作遇到困难，出现不和谐音符，甚至出现跑偏或倒退时，此时的校长应是决断者和推动者。校长要及时出现，当机立断，绝不允许"杂音"影响大局，引领正确的教研方向。

三、校长要引导教师成为深度教研领导者

不少学校的教学研究或流于形式，或停于表面，教师被动参与，不得不来，

时间过去了，就等于任务完成了。这样的教研，对于核心素养的落地毫无裨益。晏婴小学在课程改革的推进过程中，逐渐认识到校本教研起着至关重要的作用，因为课程改革是一项专业性很强的工作，离不了专家的指导。但专家只能帮助解决方向性的问题，不可能事无巨细什么问题都靠专家解决。这些问题的解决只能靠校本教研的力量，在此背景下"教研共同体"应运而生。"教研共同体"与一般教研组的根本区别在于，教研组是由教研组长"把持"的，教研组长具有话语权，是理所当然的"领导者"。而在"教研共同体"中，真正起作用的不再是行政领导，而是专业领导。这就需要校长在"教研共同体"中积极营造专业话语体系和分布式领导。哪位教师研究力强，只要你有思想，有技术，能引领大家往前走，形成了自己的话语体系，你就是该领域的领导。在这样的团队中，会大大激发每位教师原始的内驱力和创造力，并最终形成整个团队的研究合力。这样的教研组无须行政干预过多，学校只需提供养料、水分即可，他们会走得很远。这就是"分布式领导"。"分布式领导"旨在放大"民间"的力量，让每位成员都成为活跃的"领导者"。一所学校，只有让每名教师都成为某学科某领域的教研领导者，这样的教研组才是有价值的，才能引领教师由职业走向专业。这样的学校将不再有平庸教师，而是每名教师都会从优秀走向卓越，甚至成为学科专家。如晏婴小学的边春霞老师，"教研共同体"中适宜的研究环境，激励"民间"领导的成长氛围，使其敢于表达自己的认识和见解，甚至敢于质疑专家的理论和观点，从而逐步成长为深度教研的领导者，她也从一名普通的农村小学英语教师，逐渐成长为山东省特级教师、齐鲁名师，还被山东省教科院特聘为兼职教研员和学科专家。另有一大批诸如边春霞这样起点低的教师在"教研共同体"中重塑职业生命，从职业走向专业，从专业走向专家。

　　传统的教学以学科为基本呈现单位，以教师和教材的主观思想为引领，教学的系统性、针对性较强，但知识分化现象尤为突出，学科与学科之间隔离，学科与生活脱节，学科与学生的兴趣和需求背离。从而导致学生被动学习多，真实体验少；机械理解多，动手操作少；关注学科知识多，关注能力素养少等现象。要想让学生获得没有边界的综合能力和核心素养，需要校长积极推动"无边界"的综合教研。核心素养背景下的教研组，需要拆除学科之间的"藩篱"，积极推行综合教研，让不同学科教师"拥抱"在一起，并使之规范化、常态化。晏婴小学既按学科设立学科教师办公室，又消除学科边界，设立综合研究室，每周专门设立半天的综合教研时间，各学科教师在一起研讨、交流、争论、碰撞，学科边界被拆除，让学科间你中有我，我中有你，打通学科间的"脑梗阻"。教师的眼光不再局限于学科内，而是着眼于培养"完整的人"。这时的教研才会更加指向如何让学生获得综合能力和核心素养。随着综合教研的深入，教师思维方式由长期分科教学导致的单一线性思维转变为跨学科的发散性思维和综合性思维，教师思维方式的变化最终引发学生思维的变化，学生的思维品质和综合能力获得显著提升。

第三章

校长如何清理制约课程改革进程的「绊脚石」

在学校推进课程改革过程中，会遇到各种各样的问题，每一个问题都是影响和制约课程改革前进步伐的"坎儿"，需要校长提升课程领导力，做一名名副其实的课程领导者。要做到有的放矢，对症下药，清理掉制约课程改革进程的"绊脚石"，才会推动课程改革顺利进行。

第一节　教师职业倦怠，不想搞课程改革

近年来，教师中有一种"病"呈扩散之势，那就是中小学教师的职业倦怠。教师一旦出现职业倦怠，会迅速蔓延开来，教师工作没状态、没心情、没干劲，将会严重影响学校的发展。教师的这种"职业病"一旦成了学校的"大气候"，这时校长再想办法消除教师的职业倦怠，难度将非常大。

中小学教师为什么会出现职业倦怠呢？其原因有多种，其中之一是由于中小学教师工作任务重，压力大，薪酬低，教学工作又缺乏创新性和挑战性，差不多每天都是重复循环，逐渐导致教师产生职业倦怠。

那么，校长如何消除教师的职业倦怠呢？我采取的办法是"三找"：让教师们找到教育工作的快乐，找到教师的成功，找到教师职业的幸福。

我给教师找快乐。教师的职业相对单纯，甚至单调，每天上班、上课、批改作业、下班、做饭，每天重复"同样的故事"，再精彩的故事也会让人乏味。长期在单调的工作中，没有兴奋点，缺少高兴事，教师的情绪提不起来。因此，我就琢磨着给教师们找"乐"，想办法讨老师"欢心"，让老师们高兴起来。因此，以"兼周一活动、每月一过节、每学期一狂欢"为内容的校园快乐工程应运而生。

"兼周一活动"，就是学校工会每两周组织全体教职工开展一次文体活动。活动的形式务必做到活泼多样，甚至是搞笑。比如：开展两人三足跑、两人面

对面夹球跑、自行车慢骑、拔河比赛等，大家你追我赶，东倒西歪，开怀大笑。不仅锻炼了身体，愉悦了心情，还拉近了彼此的距离。工会在安排组合时也"颇有心计"，谁和谁在工作中有了"小摩擦""小隔阂"会被故意安排在一组，在愉快的活动中彼此拉起手，密切协作，"小摩擦""小隔阂"会烟消云散，和好如初。

"每月一过节"，就是每个月集体过一个值得庆祝的节日，老师们欢聚在一起。清明节，校长和老师们在一起"碰鸡蛋"、吃鸡蛋。青年节，年轻教师爽朗的笑声会感染老教师，老教师也变得年轻许多。端午节，老师们一起包粽子、品粽子，还要评出"最美粽子"和"最丑粽子"，奖品就是大家亲手包的粽子。中秋节，全体教师在一起品尝学校食堂自己加工的月饼。老师们在一起边品尝，边聊天，谈工作，谈生活，让平淡的工作有了过节的味道，有了幸福的味道。

"每学期一狂欢"，这是我们学校的"重头戏"。每到学期结束，老师们完成一个学期的工作，丢掉一个学期以来的辛苦、烦恼和郁闷，全体教职工一起过我们自己的"狂欢节"。这一天，学校里没有校长和教职工的区分，没有年龄的区别，甚至男女性别也不再那么重要，大家放下平时的"一本正经"，互相"取笑"、互相"攻击"、互相"拆台"。每位教职工都要登台表演节目，节目不要求多么高的质量，甚至不允许事先排练，越搞笑越好。还要进行评奖，评奖的标准是谁的节目欢呼声最高、给大家带来的笑声最多，奖品就给谁。老师们还去采购各种各样的零食、小吃、水果、饮料等，老师们就像孩子一样边吃边唱边跳边笑。"狂欢节"这一天，从校长到每一位老师，大家完全放松，各种恶作剧纷至沓来，大家尽情狂欢，尽情高兴。老师们愉快地将"狂欢节"称为"没大没小节"和"拒绝减肥节"。

我给教师找成功。我们学校每周的例会有一个固定内容，叫"每周一星"，就是学校选拔在本周工作突出的教师给全体教师展示自己的工作成绩。这样的机会并不难争取到，只要工作好好表现，就可能成为当周的"明星"。这样一学期下来，会有二三十名老师登台演讲，就在教师中形成一个"比学赶帮超"的氛围，激发教师工作热情。让教师每周都有一个"小成功"，累计多了就是"大成功"。学校每个学期都要召开教师表彰会，让工作突出的老师登台领奖。学校为教师外出学习培训提供支持，鼓励教师到北京、上海、济南、青岛等地学习，学校每年用于教师培训的费用多达十余万元。学校鼓励教师参加各级教学能手、学科带头人、骨干教师、名师的评选，并给予积极帮助。近年来，晏婴小学有

40 余名教师获得了特级教师、学科带头人、师德标兵、优秀教师、优秀班主任等荣誉称号。事实证明，让教师找到成功是克服职业倦怠的一剂良药。

我给教师找幸福。作为一名教师，其最大的幸福莫过于得到学生的尊敬和爱戴。教师节时，老师们在激昂的音乐声中走上红地毯，校长面向全体学生逐个介绍这些了不起的老师，学生为他们敬爱的老师献花、鞠躬。仪式上，《老师，我想抱抱您》的配乐诗朗诵让老师们流下了感动的泪水。同事之间互相关心、互相帮助，也可以让教师找到幸福。教师的孩子生病了，同学科的老师会帮助代课。家里老人住院需要照看，同办公室的老师会代替他值班。老师病了，同事会给你倒一杯开水，办公桌上会有人悄悄放一个已经洗好的苹果。大家是同事，又是兄弟姐妹。一人有困难，大家都会帮一把，这就是我们的学校，你我共同的家。

校长让教师找到了教师职业的幸福，但仅此远远不够，关键要看校长如何引领教师走上课程改革之路。校长利用自己的行政权力，"命令"全体教师都参加课程改革是否可行？课程改革不是一项简单的、重复性的工作，也不同于一般的教师培训，而是一项专业性很强的工作，是对教师的改造和重塑，它对教师的基本素养、教学能力、教育追求，甚至身体状况都提出了较高的要求。这时，如果校长采取简单粗暴的行政命令，一股脑地"命令"全体教师一律参加，在短期内效果会非常明显，但随着课程改革的逐步推进，往往会出现阻力重重、停滞不前的境况。那时，课程改革就会骑虎难下，举步维艰，最后不了了之。为此，需要校长结合本校实际，讲究策略，稳步推进。

有什么办法既可以激励教师踊跃参与课程改革，又可以让一时不能参与课程改革的教师安心，不至于形成双方的对立和矛盾呢？经过慎重考虑，我采取了"上车体验、自愿选择"的工作策略。

所谓"上车体验"，就是学校利用一个多月的时间，组织全体教师听专家报告、读书交流、学习研讨。这一个月的时间，我把能用的时间都用上了，每天下午学生放学以后，全体教师都要参加集体学习。每天晚上每位教师都有读书任务，校长采取随机抽签的方式，让抽中的教师交流学习心得。每到周末学校会邀请张斌博士到校为全体教师作课程改革专题报告会。这样一个多月下来，全体教师对什么是课程改革，为什么要对课程进行改革，以及如何实施课程改革，乃至教师个人对课程改革的态度都有了一个清晰的认识。随后进行的是"自愿选择"，学校领导班子提前研究制定了《晏婴小学课程改革教师管理考核办法》。该《办法》对参与课程改革的教师实行倾斜政策，各种外出培训向整合教师倾斜，各类评先树优向整合教师倾斜，职称评聘向整合教师倾斜，等等。在广泛征求全体教师意见的基础上，让全体教师自愿做出选择。选择参与课程改革的，享受相关优惠政策；选择不参与课程改革的，不享受相关优惠政策。两类教师不设人数限制，并且规定选择课程改革不是只有一次选择机会，第一次未选的教师可以随时加入，但是选择课程改革的教师不允许中途退出。这样，既确保了整合教师队伍的稳定性，又可以使整合教师队伍逐步扩大。第一次选择有 24 名教师自愿参加课程改革，以后不断又有教师自愿加入进来。通过实施"上车体验、自愿选择"的工作策略，既做到了激励改革者，又做到了尊重不改革者，让改革者用心，让不改革者安心。这样，最大限度地减少了改革的阻力，确保了课程改革的顺利进行。

第二节　教师工作负担重，没精力搞课程改革

　　教师日常既要教学，还要负责学生的管理，教师忙，教师累，工作负担重，教师没时间、没精力参与课程改革。就是勉强参与，也是勉为其难，疲于应付，很难用心投入，最终结果可想而知。这个问题如何解决？我采取的办法是"两减一提"。

　　1. "减负"，就是减少教师在校时间和无效劳动

　　小学教师普遍任课多，大部分还是班主任，从事烦琐的学生管理工作。作为教师，要经常利用假期参加各种各样的培训和学习活动，还要写各种各样的论文，编各种各样的案例。今年搞教改，明年搞实验。今天搞观摩课，明天做公开课。大量的工作使教师心力交瘁，疲于应付，既无心又无力去参与课程改革。为此，经学校领导班子研究，在不违反上级规定的前提下，尽力减轻教师负担。我们采取了以下措施：一是取消每天下午放学后的教师办公时间。在学校成立之初，工作千头万绪、纷繁复杂，为了尽快使学校步入正轨，更好地促进学校发展，学校规定在学生离校以后，全体教师还要继续办公一小时，主要是完成当天未做完的工作，准备第二天的备课，这一措施刚开始确实起到了一定作用，但其副作用也日渐显现。在延长办公的时间中，教师出工不出力，应付学校检查，怨声四起。经调查，原来我校大部分是女教师，放学后有的需要到幼儿园接孩子，有的家里有病人需要照顾，有的需要到超市采购物品。发现这一问题后，学校尽快做了调整，取消下午放学后的教师延长办公时间，教师与学生一起离校。一时间，教师齐呼校长"英明"。后来，出现了教师把当天未完成的备课、作业带回家继续干的现象。教师心气儿顺了，干劲儿足了。现在，晏婴小学成了当地学校中教师在校时间最短、工作效率最高、教师工作最舒心的学校。二是杜绝教师节假日加班。原来，每到周末，教育局要组织教师培训，学校还有

若干的会议。教师名义上每周有两天休息时间，实则经常连一个整天都难以保证。一次，学校召开教代会，老师们对学校随意占用教师周末休息时间所提的意见最多最集中。经学校领导班子反复研究，向占用教师公休日时间加班的行为宣战，并实行校长负责制，向全体教师做出承诺。为此，学校跟进了两项措施，一是提高校干的工作谋划能力，做到工作早考虑、早计划、早安排，杜绝因临时性工作挤占教师周末休息时间。二是提高教师的工作效率。要求教师严格按照学校规定的时间完成交办的各项工作任务，做到不应付、不拖拉，保质保量按时完成。现在，公休日学校不安排教师加班，将休息权还给了教师。事实证明，公休日不加班，也可以办好学校。

2."减压"，就是减轻教师心理负担和压力

尊师重教在我国已被提倡多年，但社会文化对教师特别是小学教师的定位，却难以令人满意。一方面，中国传统文化对教师赋予"圣人"的人格定位。"天地君亲师"，教师不但承载了文化传递的使命，更承载了道德传递的使命。人们对教师的人格期盼也超出了普通人能够承受的程度，这样的定位可望而不可即，对教师造成一定的心理压力。个别媒体乐于报道教育的负面现象，破坏了教师的形象，造成负面的影响，给教师造成很大的心理压力。另一方面，学生家长对子女普遍有着过高的期望值，"望子成龙、望女成凤"的心理必然投射到教师身上，对教师也产生过高的、不切实际的期望，提出近乎苛刻的要求。有些家长不了解具体情况，就对教师冷嘲热讽，态度蛮横，经常因为孩子的只言片语就投诉教师，甚至将学校或老师诉诸公堂，乃至对教师进行人身攻击。学生家长的刻薄和非难，目前成为部分教师的心理压力之一，在面对个别素质不高的家长时，女教师经验不足，办法不多，处于弱势。在这种情况下，作为校长要敢为教师做主，为教师撑腰，面对家长的胡搅蛮缠和无理要求，校长要做好教师的"防火墙"，保护教师，爱护教师。为此，学校成立了家长工作协调小组，由校长亲自任组长，副校长任副组长，无论是班主任还是任课教师，只要是遇到与家长有关的麻烦事、棘手事自己处理不了的，都可以交给校长去处理，这样大大减轻了教师的精神压力和心理负担，教师可以放心大胆地开展工作。尤其是对于那些有志于参与课程改革的教师来讲，可以减少顾虑，放开手脚，放下包袱，敢于创新，从而可以大大促进课程改革的顺利实施。另外，为减轻教师心理负担，学校领导尽量不批评教师，对个别确实存在问题的教师，学校领导也要基于爱护教师的目的，采取个别谈话等较隐蔽的方式进行说服教

育，尽量避免公开点名批评教师，以增加教师的心理安全感。每学期学校都要组织教师开展"我向校长说句心里话"活动，教师可以通过发送短信、电子邮件、纸质信件或与校长约谈等方式，将教师心中的大事、难事告诉校长，校长将教师最关心的职称、评优、提干、入党、身体状况等时刻挂在心上，以便有的放矢地帮助教师解决问题，做到了解心事，解除心病，减轻压力，幸福工作。

3．"提效"，就是提高教师工作效率

学校推行电子备课。原来，老师们实行手写备课，被老师们称为"守着现代化的办公设备，用着最原始的备课方式"。后来，学校积极建设校园数字化管理平台，实行电子备课，将教师从繁重的手写备课中解脱出来，大大减轻了教师的工作量和工作负担。强化集体备课，实行资源共享。学校狠抓集体备课，对集体备课做到"四固定"：固定教研场所，固定研究内容，固定考核办法，固定承包领导。学科教研组长将组内各成员按照年级进行分工，确保对各学科、各年级的集体备课整体推进。学校还设立集体备课评价验收小组，经验收小组验收合格的集体备课上传至校园数字化管理平台，实现集体备课的共享。在教学过程中，各学科教师可以借鉴集体备课成果，个人再进行二次备课。这样，既确保各学科的集体备课质量，又减轻了教师的负担。

第三节　考核办法成为障碍，制约课程改革

任何一所学校都有一套相对完善的教师考核办法。一套好的考核办法应该具有评价作用、规范作用、引导作用和激励作用，是一所学校的根本"大法"。随着课程改革的逐步深入，我们发现，旧的考核办法越来越成为制约改革的桎梏，在这种情况下，就需要校长勇于对考核办法"动手术"，让考核办法适应课程改革的需要，充分发挥其引领作用和激励作用，从而促进课程改革的深入实施。

一所学校的考核办法往往成为制约或促进课程改革的主要因素。好的考核办法可以起到引领和激励的作用。反之，就会影响和制约课程改革的深入实施，尤其是课程改革到了深水区，考核办法的制约作用会越发显现。原先的《晏婴小学教师考核办法》重点对教师的师德、考勤、教学常规要求、班主任考核等方面作了较为细致的规定，没有涉及对课程整合教师的考核，只是校长在各种会议上讲到要加大对整合教师的奖励和考核力度。但是，随着课程改革的逐步深入，不少教师出现了畏难、观望、甚至怀疑等情况，感觉课程改革只是一项临时性工作，付出太多看不到收获或回报。针对这种情况，经校委会多次研究，专门制定了《晏婴小学课程整合教师考核办法》，并多次征求整合教师和非整合教师两方面的意见和建议，提交教代会通过，将课程整合教师考核作为单独一项纳入学校教师考核办法，在教师考核中占 8 分，考核方案为百分制。不要小看这 8 分，因为不参与课程改革的教师该项得分为零分，仅此一项，不参加课程改革的教师就很难在综合考核中取得优势。而对整合教师的考核又作了非常细致的考虑，从考勤、活动考核、学科组考核、学校课程委员会考核以及学期学生素养评价等多个方面全部量化。例如：一名整合教师本学期按时参加各种整合研讨活动，无请假缺勤情况，但在考核中最多只能得 1 分。考核的关键

是要看教师在课程改革过程中的表现。这样，不仅引导教师积极参与课程改革，更重要的是全身心投入到对课程改革的研究之中。这样，通过修改教师考核办法，拆除了制约教师发展的"天花板"，既起到了引领广大教师积极参与课程改革的作用，又起到了督促整合教师用心、投入课程改革的激励作用。

多年来，不少校长形成了一种管理思维定式，普遍对教师的教学不放心，认为管得越多越好，管得越细越好，结果是画地为牢，束缚住了教师手脚，无形中限制了教师的创新发展和个性发展，导致教师千人一面，成长欲望被磨平。记得有首歌唱道："放手也是爱"。对教师管理而言，尤其是对有强烈发展欲望的优秀教师而言，"放手就是爱"，给他们一个宽松的发展环境，比发放福利重要得多。为了更好地解放课程整合教师，使他们有更多的时间和精力进行教育科研与创新，促进教师的个性发展和学校课程改革的推进，学校制定出台了《晏婴小学课程整合教师教学常规免检制度》。该制度规定了免检教师的权利：①免检教师可以不参加学校组织的教学常规检查。免检项目为备课、听评课、作业批改、单元检测等方面。②免检教师的教学常规材料不受学校统一规定的限制，可以根据个人实际创造性地进行设计。③教学常规免检的教师在该项考核中得分为满分。同时，也明确了免检教师的义务：即创造性地做好教学常规工作。教学常规免检不是不做教学常规，免检教师更应该加强教学研究，探索更加科学、高效的教学常规形式，为其他教师做好表率。以下工作为课程整合教师必做项目：①制定学科课程规划，制定学期课程纲要，进行学期班本课程整体教学设计。②每学期学校都要组织评委对免检教师所教班级学生的学科核心素养进行评价验收，对学生学科核心素养达不到要求的教师取消教学常规免检资格。③免检教师所教班级在每学期的期末考试中，平均成绩位居年级后二分之一名次的，直接取消免检资格。通过对整合教师实行教学常规免检，引领课程整合教师由只能做学校的规定动作转变为结合各自实际创造性地做个人的自选动作，解放了教师思想，放开了教师手脚，无论是教师成长，还是课程改革都驶入了发展的快车道。

第四节 缺乏专业指导，不知如何开展课程改革

课程改革不是教学内容的简单整合，也不是课程门类的简单减少，而是一项专业性很强的工作。专业工作需要专业人员来做才能确保正确的方向和良好的效果。张斌博士在课程改革理论与实践方面经验丰富，学校特聘请张博士担任学校课程改革的指导专家。张斌博士不仅带来课程理念，更带来技术和实施路径，让老师们坚定了课程改革的信心，确保了课程改革的正确方向，明确了课程改革的目标，理清了课程改革的思路，激发了教师的积极性和创造性。校长该如何与专家进行有效合作？学校教务管理部门在课程改革过程中该做什么工作呢？

一、校长该如何与专家进行有效合作

一是事前。校长首先根据课程改革的进展情况，对下一步研究的重点提出设想，然后主动与专家联系、协商，提前确定下次研讨的重点和来校指导的具体时间。在专家到达学校后，校长需要就本次研讨活动的程序、重点与专家进行二次对接，以确保研讨活动的针对性和实效性。然后，尽量将时间交给专家，让专家进一步审阅教师的课程设计稿，以确保本次指导的针对性。同时，也留给专家休息的时间。二是事中。该阶段是专家对课程整合教师进行指导的关键时间，由于专家到校指导的次数有限，因此提升现场指导的针对性和有效性至关重要。在这个阶段，无论校长多么忙，都要首先确保全程参与专家现场指导的全过程。因为校长全程参与可以当场发现问题当场解决，更重要的是，校长全程参与是一个信号，直接影响专家指导的效率和整合教师的状态。三是事后。

每次研讨活动结束以后，校长要尽快召开学校课程委员会的会议，重点是研究如何落实专家给课程整合教师指出的各种问题，并列出问题清单，明确整改责任人和整改完成时间，以确保问题的整改，促进课程改革的进程。

二、学校教学管理部门在课程改革过程中该做什么工作

一是事前。学校教务处负责提前一周时间将各位整合教师设计的方案或学校课程审查委员会汇总的需要专家帮助解决的问题，打包发给专家，并电话提醒专家审阅。同时，负责做好专家来校指导需要的场地准备、设施准备、录像准备等各项工作。二是事中。由教务处安排专门人员负责对研讨活动的全过程进行录音、录像，并提前做好清理会议室卫生、为参会人员提供开水等服务工作。三是事后。在专家指导结束之后，教务处要由专人负责，依据录音对各位整合教师的发言和专家的指导意见整理成文字。在将研讨活动的录音、录像和文字稿进行存档的同时，将之全部上传至"晏婴小学课程整合 QQ 群"，以方便整合教师就当场未弄明白的问题反复收听专家的点评和指导。

三、课程整合教师该如何去做

在张斌博士的指导下，晏婴小学教师从基于课程标准的教学设计入手，到学期课程纲要的制定，到如何实施朝向核心素养的学科内整合、多学科整合、跨学科整合、超学科整合等做了大量系统性的实践和研究。在课程改革实施过程中，整合教师从事前、事中、事后三个阶段做好研究工作。一是事前，指专家到校指导之前。在每次指导结束以前，张斌博士都要指明下一步的重点和具体任务。整合教师在知道下一次的任务后，个人首先研究，做到基础性问题靠个人解决。对于个人解决不了的问题，就利用每周的学科团队教研时间，集体研究解决。对于学科团队仍然解决不了的问题，提交到由各学科骨干教师组成的学校课程审查委员会讨论解决。到这里，各学科教师遇到的基础性问题已差不多得到解决，对确实拿不准或解决不了的问题由学校教务处进行整理后，连同整合教师设计开发的课程发给张斌博士。对于整合教师提出的问题，专家一般首先利用电话、微信、QQ 群与整合教师进行交流沟通，对整合教师存在的共性问题和难点问题可以待专家到校指导时现场指导解决。二是事中，指专家现场指导阶段。学校课程审查委员会根据整合教师课程设计情况和需要重点解

决的问题，每次都有针对性地安排整合教师向张斌博士进行汇报展示，以接受专家的面对面指导。教务处将全体整合教师分成若干研讨小组，每个研讨小组通过民主选举产生组长，由组长负责组织本小组成员进行听、学、研、问等一系列的教研活动，以确保研讨活动的深入、扎实、有效。三是事后，指专家现场指导之后。针对专家在现场指导时指出的问题，整合教师，或者独立，或者以研讨团队为单位，就未消化的问题进一步观看教务处整理好的专家指导的录音、录像和文字稿，做到找准问题、深刻领悟、明确方向、加快进程。

课程改革不是专家传授一种现成的教学方法，而是需要教师带着自己的理想、自己的信念和对学生的责任去研究，去创新，去开发课程。课程标准是实施课程整合的最大依据，也是课程改革的重点和难点。在张斌博士的指导下，晏婴小学的不少教师对国家课程标准进行了非常认真的研读，不仅能做到了如指掌、如数家珍，关键的是有了自己的见解与体悟。英语教师边春霞认真研究了英语课程标准，分析了它的突出特点是语言技能、知识、情感态度、学习策略和文化意识。她还研究了上海市的小学英语课程标准，认为它的重点则是情感态度与语言能力，而香港与英国的英语课程标准则重在人际交流、知识和经验。在对中外基础教育阶段英语课程标准进行比较研究后，她发现，国家与上海的英语课程标准尽管已有较大改进，可将其放在国际大环境下，与其他国家的课程标准进行比较，还是有不少需要完善的地方。她认为，应当确保"标准"的设计能够体现其提倡的课程理念，进一步界定英语语言能力，清楚地描述语言学习者的行为目标，以及确认英语语言能力水平等级的理论支撑。有了这些理论研究，边春霞老师再进行英语课程整合的时候，可以站在更高的视点上思考课程标准，构建属于自己的阶梯英语课程也就有了如鱼得水的感觉。边春霞老师说，以前学习课程改革理论，如雾里看花，不知其中之妙，经张斌博士一指导，有一种茅塞顿开、豁然开朗的感觉。比如课程标准的设置，并不是让教学标准化、模式化，恰恰相反，而是非标准化、非量化，目的是让教师根据课程标准的要求去研究教学，培养教师对教育教学的研究力，让教师像专家一样站在课程的角度去思考和审视教学问题，思考自己该让学生学会哪些知识、掌握哪些能力，进而去研究课程的性质、课程的基本理念、课程的标准设计思路。

第五节　学校基础条件不好，阻碍课程改革

　　课程改革是一项复杂的系统工程，不仅需要深入研究国家课程标准、编制学期课程纲要等一系列专业问题，还会涉及诸如资金、活动场地、人员整体调配等一系列问题。如果不是"一把手"工程，很多问题就有可能遭遇"肠梗阻"，大大制约课程改革的顺利推进。这就需要校长统筹规划课程改革工作，为课程改革创设必要的条件，优化工作氛围和环境，促进课程改革的实施。为此，晏婴小学积极实施了"531"工程，即创设五好、组建三室和下放一项权利。

　　创设五好。一是让教师吃好。学校建起教师餐厅，为教师提供可口的饭菜。学校还为单身教师建了"小厨房"，让单身教师在学校吃上"小灶"的同时，感受到被特殊关照的幸福感。二是让教师休息好。学校专门建起教师午休室，每人一床，学校统一配备床垫与床单，还安装上了空调。教师们说，午休让他们下午工作起来精神饱满，意气风发。三是让教师身体好。学校每年组织一次教职工"自助餐"式查体，教师可以根据个人身体实际情况确定检查项目，然后由学校"埋单"。学校还定期组织教师开展趣味运动会，组建教师乒乓球队、篮球队、羽毛球队，让教师爱上体育运动，从而增强体质。四是创设好氛围。群体的和谐氛围一旦形成，就会生成巨大的能量。为此，学校定期评选"温馨"办公室，努力打造"团结互助，积极向上"的团队精神。五是让教师心情好。心情愉悦与教师幸福指数高低密切相关，因为幸福更多折射在心理层面，没有心灵的愉悦与自由，就遑论幸福。教师是一个知识分子群体，提升其工作效率与生命质量，固然需要其自身的修养，同时，学校对他们的关心也在无形中产生能量。当身心和谐、自主而为的时候，教师往往会有意想不到的创造力，而课程改革恰恰需要老师们的自主意识与创造激情。有的老师说："学校不但是我们工作的场所，也是我们心灵的港湾。校长不只是我们的领导，也是关怀我

们工作与生活的贴心人。"教师有了这种认识与感觉，学校再安排他们开展课程研究的时候，就有了心灵的悦纳。而在这种状态下的工作，自然也就有了效率与效益。

组建三室。目前的小学教学，大多还停留在学科教学形态中，为此，学校"组建三室"，将原来分散于不同学科的办公室进行整合，专门设立了语文、数学、英语三个整合团队办公室，让整合团队的成员有了研究、交流的固定场所。学校为"三室"安装了电话、空调、微机，为教师创设必备的环境和条件。

下放一项权利。就是给课程整合教师图书购置权。只要是教师购置有关课程改革的书籍，学校全额报销，并且不受数额限制。课程整合对教师的要求不只是教好课，还要具备相对的文化素养，不然整合就只能在低层次徘徊。而提升老师文化素养的一个重要途径就是要不断地阅读好书。因为读好书，就等于是从大师那里汲取生命智慧，有效地提升人生境界。另外，学校还实施"图书迁居"工程，将"躺"在学校图书室的六万余册图书迁移到教学楼内，在教学楼的各个楼层设立图书角和教师书吧，方便师生随时阅读。老师们在读书中提升了文化品位，过滤掉了原有的浮躁，让心灵从喧嚣回归宁静，再进行课程改革的时候，就有了文化功底，甚至有了心灵的支撑。

第六节　家长认识不到位，不支持课程改革

　　一所学校要想让课程改革得到持续、深入地推进，并引发师生的一系列深刻变化，在需要校长专心、教师用心的同时，家长对课程改革的认可和支持也至关重要。晏婴小学在课程改革的初期，也遇到了家长对课程改革不理解、不支持的问题。家长不支持课程改革有以下几个原因：一是担心孩子成绩下滑。现在各种样式的教学改革琳琅满目，让家长感觉乱了、怕了。家长主要怕什么呢？说到底，是怕课程改革只是校长的面子工程，搞假的，搞虚的，学生的所谓核心素养没见提高，成绩却下滑了。二是不了解情况。随着现代家长学历和素质的提高，他们对学校和教师的关注度和挑剔度也越来越高。如果学校搞课程改革，学校没通过适当方式与家长进行沟通和协商，家长对此不了解，就有可能产生误解，进而转化为课程改革的阻力。三是因为家长没有参与进来。如果家长成为课程改革的旁观者和局外人，就无法了解并支持课程改革。家长本身就是非常重要的课程资源，只要让家长参与进来，家长不仅不是课程改革的阻力，还会成为课程改革的参与者和支持者。

　　如何解决以上问题呢？我们主要采取了"一保三多"的措施。

　　一是保质量。校长要把保证教学质量作为课程改革的最大前提来抓。任何真正的改革绝不会牺牲教学质量。2016年是晏婴小学推进课程改革之后的第三年。恰在此时，临淄区教育局对全区中小学教学质量进行"背对背"抽考，这让我们有了验证的机会。这次抽考保密工作非常到位，抽考人员直接进入班级，本校的领导、教师一律不得参与。抽考结束试卷全部带走，全区统一标准，统一阅卷，确保抽考成绩的公平。这次抽考的语文、数学、英语三科晏婴小学均夺得全区58所小学总成绩第二名的好成绩。2019年，当地教育主管部门又组织了对全区小学教学质量的抽测，这次抽测的组织更严格、试题更具挑战性，

晏婴小学在此次全区小学抽测中名列全区 58 所小学的总成绩第一名。而这一届学生是恰恰是晏婴小学从一年级开始推进课程改革的那批学生。这样的教学成绩不仅给全体家长吃了一颗定心丸，还充分说明了真正的课程改革是可以提升教学成绩的，这大大增强了校长和教师深入推进课程改革的信心。

二是多沟通。"父母是孩子的第一任教师"。家庭教育因其特殊的地位和影响，在我们的大教育系统工程中起着重要的作用。学校在促进儿童的社会情感和智力成长的同时，也要加强学生家长的介入与参与，促进家庭与学校的合作。沟通让家长成为学校教育的同盟者。学校确定每个月的第一周为"家长开放周"，"开放周"期间家长可以不打招呼随机进入课堂和学生一起听课，可以将听课时产生的疑惑反馈给教师。这些措施极大地促进了教师教学方式与学生学习方式的转变，使教师们更加注重课堂教学模式的探讨，精心设计教学方案。家长走进学校、课堂，可以让家长意识到自己对孩子成长的重要性，让其明确，孩子的教育，尤其是孩子的道德品行，不只是学校的责任，更与家庭教育息息相关。同时，通过融入学校生活，家长逐渐理解了学校的办学思想，了解了教师的授课方式、教师工作的繁杂，转变了对教师工作的固有看法，更加支持教师与学校开展的各项工作，逐渐成为学校教育的同盟者。学校组建了各班家长微信群，学校全体家长微信群，学校成立微信小组，专门负责编发、推送以课程改革为主题的微信，让家长在第一时间了解课程改革的进展情况和取得的成效。无障碍的家校沟通，让家长了解了课程改革，进而支持课程改革，使课程改革得以顺利推进。

三是多展示。课程改革给学生带来了一系列深刻变化，学生的综合素质和能力获得显著提升。学生综合能力提升，既得益于课程的适切性和针对性，又得益于学校为学生打造各种展示平台，如教室内的"我行我秀""星光舞台"，学校每周一固定的面向 2000 余名师生的"国旗下的风采"展示。这些展示都有广大家长的参与，家长或者担任评委，或者担任活动的服务人员，或者担任观众……家长既看到了孩子的变化，又找到了自己的角色和价值。晏婴小学 2017 年的五年级学生毕业课程展示活动，邀请全体毕业生的家长参加。毕业课程内容非常丰富，既有学生从入学到五年级毕业的成长剪影，又有学生琴棋书画等各项特长的展示；既有同学间的依依惜别，又有学生发自内心地对老师和家长的感恩之情；既有老师对学生毕业前的谆谆教导，又有家长和孩子携手走红毯的激动人心的场景。这次毕业课程，从会场的布置，到红毯的铺设，到音响的调试，都由家长负责。家长在参与中感受到了学校和老师对孩子的良苦用心和尽心尽责，在展示中体验到了孩子的变化和成长。家长从不满变成了理解，从埋怨变成了支持，从而为课程改革的顺利推进创设了良好的环境。

第四章
基于国家课程标准的课程改革路径及案例

第一节　基于国家课程标准的
课程改革实施路径

从 2014 年开始，晏婴小学在山东省教科院课程中心主任张斌博士的指导下，推进基于国家课程标准的课程改革。晏婴小学基于国家课程标准的课程改革，以学生为主体，以课程为载体，构建适合学生成长需要的朝向核心素养的课程体系，促进学生综合能力的提升，努力培养适应未来发展的学生。

一、什么是基于国家课程标准的课程改革

课程标准，就是对学生在经过一段时间的学习后应该知道什么和能做什么的界定和表述，反映了国家对学生学习结果的期望。基于标准的课程整合不是简单的内容整合，也不是课程门类的简单撤并，而是一种完整的课程开发行为，需要系统思考并一致性地设计课程的目标、内容、实施与评价，其实质是用课程的技术支撑教学，保证教学的有效性。

二、基于国家课程标准的课程改革路径是什么

1. 对小学段各学科国家课程标准的校本化解析

晏婴小学在山东省教科院课程中心主任张斌博士的指导下，对小学段的语文、数学、英语、音乐、体育、美术等六个学科的国家课程标准进行了深入的研究，并结合本校学生实际，对国家课程标准进行了分解和编码，实现了国家课程标准的校本化和基于课程标准的教学。基于标准的教学设计是一种融课程标准、学习评价和教学活动为一体的设计过程，为教师提供了一种理解、解析、应用课程标准的新视角。具体表现在三个方面：一是依据课程标准界定课程目

标，保持标准与学习目标的一致性；二是评价设计先于教学活动的设计，保持学习目标与学习评价的一致性；三是依据学习目标设计教学活动，保证学习目标的实现。三个环节相互衔接，循环往复，保证了课程标准和教学实施的一致性。

2. 基于课程标准的学期课程纲要

基于课程标准的学期课程纲要包括目标、内容、实施、评价这四个基本要素。它有利于教师形成课程意识，思考从一节课走向一门课程。它就像一份认知地图，要求教师在理清本学期学科课程中的地位与价值的基础上，不仅呈现本学期在学生应知与能会的目标，同时也呈现各知识之间的结构，以及与课程目标的逻辑关系。学期课程纲要有利于教师树立课程观，对将要实施的学期教学进行整体设计，明确一个学期的大任务，让教师的教学从零散走向系统，从肤浅走向深入，解决知识碎片化的问题。对学生来说，课程纲要是指导学生学习的蓝本，它有利于学生明确某门课程的全貌或相关要求。

3. 基于大概念的单元教学设计

基于大概念的单元教学设计，它使教师能够站在培育"完整的人"的高度去设计、开发课程，做到用大概念或大主题统领学生一个单元的学习，拆除学科藩篱，打破学科边界，构建跨界学习"立交桥"，使学生获得"左顾右盼"的综合能力。基于大概念的单元教学设计紧紧围绕大概念或大主题，突出主题式项目学习，打破碎片式的传统学习方式，着力提升学生的综合能力和思维品质。

4. 基于真实性学习的课时教学设计

课时教学设计，它基于国家课程标准，指向学生实际和成长需要，让学生成为课程的主体。课时教学设计，其目标更精准，聚焦真实任务，力求一课一得，直击学生痛点，突破了机械重复平面式的学习方式，学生的学习由浅入深，由点及面，步步深入，变得"立体"，学生的学习由碎片化转变为体系化、主题化，学生的学习由"解题"转变为"解决实际问题"，从而使学生的综合能力获得提升。

三、实现真实性学习的课程整合"三方式"

1. 学科内整合

晏婴小学的学科内整合实施的是增、删、换、合、立五字策略。所谓增，就是增加内容。如：补充材料、主题活动、实验操作等。所谓删，就是删除重复的，不必要的，不符合课程标准的内容。换即更换不合适、不合理的内容。

合即整合不同知识点或不同学科内容。立即打破原有学科内容呈现顺序，建立全新的框架结构。

2. 跨学科整合

它以概念为统领，将有内在联系的不同学科、不同领域的内容或问题进行整合，对各科的课程标准进行浏览、集合与重组，让学生从不同角度、不同侧面深入地理解概念的内涵和外延，实现知识的真正理解与迁移。

3. 超学科整合

它是围绕学生的问题和关注点组织课程，强调的是让学生在真实的生活情境下，通过观察发现、实践体验、合作探究，学会知识技能，学会动手动脑，学会生存生活，学会做人做事等。它没有学科边界，需要学科素养的同时，更多培养的是学生适应未来社会生活的关键能力和必备品质。

这几种课程整合的路径，丰富了课堂样态，改变了学习方式，让学习过程看得见，即说中学、做中学、教中学、悟中学，达到了对课程内容的深度理解，达成了自我指导与管理的学习，消除"虚学会"，实现了学生的真实性学习。

第二节　课程规划的要素及案例

一、课程

课程是指学校学生所应学习的学科总和及其进程与安排。课程是对教学目标、教学内容、教学活动方式的规划和设计，是教学计划、教学大纲等诸多方面实施过程的总和。广义的课程是指学校为实现培养目标而选择的教育内容及其进程的总和，它包括学校老师所教授的各门学科和有目的、有计划的教育活动。狭义的课程是指某一门学科。

二、课程内涵

课程即教材，课程内容在传统上历来被作为要学生习得的知识来对待，重点放在向学生传递知识这一基点上，而知识的传递是以教材为依据的。所以，课程内容被理所当然地认为是上课所用的教材。这是一种以学科为中心的教育目的观的体现。教材取向以知识体系为基点，认为课程内容就是学生要学习的知识，而知识的载体就是教材，这一理论的代表人物是夸美纽斯。

课程即活动，这一理论的主要代表人物是杜威。杜威认为"课程最大流弊是与儿童生活不相沟通，学科科目相互联系的中心点不是科学，而是儿童本身的社会活动"。通过研究成人的活动，识别各种社会需要，把它们转化成课程目标，再进一步把这些目标转化成学生的学习活动。这种取向的重点是放在学生做些什么上，而不是放在教材体现的学科体系上。以活动为取向的课程，注意课程与社会生活的联系，强调学生在学习中的主动性。在泰勒看来，课程内容即学习经验，而学习经验，他认为"教育的基本手段是提供学习经验，而不是向学生展示各种事物"。这种观点强调学生是主动参与者，学生是学习活动的主体，学习的质和量决定于学生而不是课程，强调学生与外部环境的互相作用。教师的职责是构建适合学生能力与兴趣的各种情境，以便为每个学生设计适合的课程，包括文化课程、活动课程、实践课程、隐性课程。文化课程包括国家课程、地方课程、校本课程；活动课程包括阳光体育、大型活动、兴趣小组学生会、团委等学生团体组织的自主活动、综合实践活动；隐性课程包括除了上述几类课程外，一切有利于学生发展的资源、环境、学校的文化建设、家校社会一体化等。

三、课程规划

课程规划是课程设置的整体规划，它对班级的教学、生产劳动、课外活动等做出全面安排，具体规定班级学生应设置的学科、学科开设的顺序及课时分配。课程规划是教师按照教育主管部门制定的有关学校教育教学工作的指导性文件，结合班级学生具体情况而设置的该课程学习的目标、内容、实施、评价的总和，体现了国家对学校的统一要求，是组织学校活动的基本纲领和重要依据。

四、课程规划要素

课程规划是针对特定的学生、某个学习阶段进行的长期计划，比如整个小学阶段或者中学阶段，所以，有着全面的、长期的打算，这就需要保证规划方向的正确性、明确性和可实施性。为了达到这样的要求，必须对开设的这门课程的先进理念有明确的把握，对学生学习的特质和情况非常了解，对国家所推行的各种教材非常熟悉，也只有这样才能保证课程规划的有效性。

第一，课程规划要有该门课程所依据的课程哲学。课程哲学包括的内容很多，比如一门学科的教育观、学科观、课程观、学科的教学观和学习观等，只有从不同的教育学专家和课程专家的研究中找到依据，找到自己认可的开发和设置课程的方向和途径，才能有效指导课程目标的制定、实施和评价。

第二，课程规划应具备指向该课程的学科核心素养。教育教学的最终目的就是让学生在课堂参与中获得并带走终身受益的能力和品格，也就是我们所说的核心素养，我们的课程设计始终要指向这样的关键能力和必备的品格，也只有在教育教学中的课程才能支撑起学生发展的核心素养，课程是发展和实现学生核心素养的载体和桥梁，所以，教育教学和核心素养之间的支架一定是课程，起于教育教学，指向核心素养。

第三，课程规划的目标必须以国家课程标准为基础。国家课程标准是教材编写、教学、评估和考试命题的依据，是国家管理和评价课程的基础。它规定各门课程的性质、目标、内容框架，提出教学建议和评价建议。所以，我们的课程设计一定要依据国家课程标准，只有这样，课程的设计才不会偏离方向，才能符合国情和学情。

第四，课程规划要具备课程开发的四要素。课程的开发离不开四要素：目标、内容、实施、评价，相应地，课程规划也要从四要素进行设计和长远打算，有一个长期的计划和总体框架设计，从阶段目标到学年目标，最后到学期目标和单元目标，以目标为核心、以学生的认知规律和心理特点为出发点设置相应的内容和实施方法和策略，然后制定相应的评价规则和具体标准，有了严密而长远的课程计划，才能保证课程的成功开发。

第五，课程规划要理清保障条件和设施。课程开发最终要落实在教育教学中，因此，在实施落实中需要各个方面的配合和支持的条件及设施的配备，提前预备和思考落实的可行性，一则保证学校、家长、社会的支持，二则考虑自身实施的能力，三则验证学生学习的需求和求知欲的满足。

附件：慧读国文课程规划

一、慧读国文课程哲学

辩证唯物主义认为，世界上任何事物都存在一定的联系，不能孤立地存在，语文课程也是如此，所以，我们在进行语文课程的构建时一定要关注到与课程相关的各种因素，以联系的观点谨慎对待，以辩证的思维准确把握，更需要我们运用互补的观点正确处理，把握好尺度。

1.慧读语文课程的语文教育观

回顾我国语文教育的百年历程，涌现出了很多关于语文教育的价值取向，有指向伦理道德价值的，有注重人的个性自由发展的，有强调社会思想意义的，还有注重科学工具价值的，也有突出人文精神的，众说纷纭，我们该如何把握语文教育的最终目的或者价值呢？党的十八大提出，把立德树人作为教育根本任务。韩愈早有"传道授业"的提法。所以，语文教育应该首先是以文化人的，它具有典型的人文性特点。

语文，从字面上讲就是语言文字、语言文学、语言文化，它由语言元素字、词、句、段、篇加标点符号构成，语文课程就是一门学习语言文字运用的综合性、实践性课程，所以，语文教育又具有工具性的特点，也就是教会学生使用语言。慧读国文课程就是一门基于语文本质特点的人文性与工具性相统一的课程，争取把学生培养成为追求真善美的阅读者和表达者。

2. 慧读国文课程的语文观

很多教育教学对语文的本质进行过探究，从陶行知的生活语文到叶圣陶的本真语文，再到吕叔湘先生的能力语文，我们不难看出，语文课程就是要培养学生的语文素养，而语文素养是一种以语文能力为核心的综合素养，语文素养的要素包括语文知识、语言积累、语文能力、语文学习方法和习惯，以及思维能力、人文素养等，是指学生在语文方面表现出的"比较稳定的、最基本的、适应时代发展要求的学识、能力、技艺和情感态度价值观"，这是《全日制义务教育语文课程标准（实验稿）》中的一个核心概念。

慧读国文课程就是以培养学生的语文核心素养为目的的语文课程，慧者，从心也，慧读国文课程引领学生用心思考、用心做事、用心生活，它以阅读为基础促成其他知识、能力的达成，最终达成人文素养目标，它以国家课程语文为主，将地方课程、传统文化和学校课程意象诵读有机整合，并按照主题单元进行统筹安排，有目的、有计划实施教学的语文课程。

3. 慧读国文课程的语文课程观

实用主义哲学认为：课程应该"以儿童为中心的课程取向，课程设计以'做'为中心，实现以问题为中心的教学"。他们的观点从课程开发的着眼点、主要形式和微观实施进行了阐述。

存在主义观点更值得我们关注，他认为：教育过程是师生主体间自由交往的过程；教育方法上极力反对整齐划一、非个性化的教学；学习不能旁观，而应该自己介入到实际存在中，自己选择，自己决断、自己负责；极力反对固定的课程；知识和有效的学习必须具有个人的意义；重视以人格世界为重点的课程（人文课程）。

过程哲学观下的课程本质是：在教学过程中要有创造性，能够举一反三，将知识进行迁移。过程哲学概念下课程与教学的动力：参与教学活动并发生活动性关系的教师、学生、教材、教学策略以及教学思想、目标、方法等因素。

慧读国文课程主要采用了实用主义哲学的理念，也借鉴了存在主义哲学中学生自己介入的观点，将课程努力打造成以学生为中心、以"做"和"用"为宗旨、以问题和任务探究为主要方式开展的一系列教学活动，让每个学生能够参与其中并获取参与的乐趣和所得，在体验乐趣和收获中逐渐成长。

4. 慧读国文课程的教学观和学习观

慧读国文课程坚持以阅读为基础、表达为目的的教学原则，在语文学习的听、说、读、写、思几种能力中，读是基础，通过基本的课内阅读，学生要识字写字，进行说话交流，同时要思考问题，也要进行相应的仿写和创编等，所以说，阅读是其他能力培养的手段和工具。

慧读国文课程的教学坚持从量变到质变的教学原则，学生认识一个字，能否阅读一般书报？回答当然是不能。那么再认识一个字，能否阅读一般的书报，回答当然还是不能。但是这个问题一直重复地问下去，最后总会出现再认识一个字，能阅读一般书报。这是语文教学中识字与阅读的关系。阅读和作文的关系也是如此。阅读是语文材料和思维材料的积累，是作文的基础，没有"进"就没有"出"，没有吸收也就没有表达。只有吸收多了，表达起来才有选择的余地，才能左右逢源，得心应手。一个人没有读过书肯定不会作文，读了一篇文章，也是不会作文的。所以古人说："能读千赋，则能为文。"究竟阅读量达到多少才能独立作文，对此还没有研究成果表明。但有一点可以肯定，阅读量达到一定程度，突破一定的界限，才能独立作文则是普遍的规律。小学语文教学过程中有两次量变到质变的过程，即识字量达到一定程度，突破界限后，向阅读转化；阅读量达到一定程度，突破界限后，向作文转化。所以，慧读国文课程体系就要在小学阶段实现以下转变：低年级要以阅读突破识字写字能力的提高，实现识字到阅读的质变；中年级要以阅读突破不同文体文本的阅读能力的提升，实现阅读到作文的质变；高年级要以阅读突破习作能力的提高，全面提高学生的语文素质。

慧读语文课程认为，学生的学习必须能够勾起学生的学期期待和兴趣，所以，要根据学生的年龄特点，以活动为载体，实现群文阅读、整本书阅读以及习作创作，给学生以具体的问题和任务，让学生以任务驱动的方式进行自我探究性的学习，勾起学生学习的兴趣和愿望，让学生在探究中尝试到学习的乐趣和意义，促进学生的主动学习与自主发展。同时，为了让学生在儿童时期的黄金记忆期积累更多的语言素材，慧读国文课程认为，语言学习必须坚持"死记硬背"的学习法，让学生尽可能多地积累经典，只有在"熟记"的基础上才能够谈得上"深思"，所以，在儿童期，学生应该利用记忆力强大的优势，多积累和背诵，以期以后的薄发。

二、慧读国文课程的核心素养

1. 核心素养

经济合作与发展组织将"素养"界定为：个体在特定的情境下，能成功地满足情境中的复杂要求与挑战，并且能够顺利地执行生活任务，强调个体在复杂的生活环境之中，如何借由自我的特质、思考、选择及行动，进而获致成功的生活或优质的生活之理想结果。"核心素养"就是个体在社会中生存与生活的最基本、最重要、最必需的素养。对五大支柱说（学会求知、学会做事、学会共处、学会发展、学会改变）、关键能力说（第一种关键能力是交互作用地运用社会、文化、技术资源的能力。第二种关键能力是在异质社群中进行人际互动的能力。第三种关键能力是自立自主地行动的能力。）、八大素养说（母语沟通，外语沟通，数学能力及基本科技能力，数位能力，学会如何学习，人际、跨文化与社会能力及公民能力，创业家精神和文化表达。同时提出贯穿于八大核心素养之中的共同能力，如批判性思维、创造力等。）进行总结，核心素养实际上包含了两个维度：个体应具备的适应终身发展和社会发展需要的必备品格和关键能力。

在《中国学生发展核心素养》中，将我国学生应具备的核心素养定为九个方面，分别是：社会责任、国家认同、国际理解；人文底蕴、科学精神、审美情趣；身心健康、学会学习、实践创新。

2. 学科核心素养

学生的核心素养并不是一科能够独立承担或者完成的，它是由所有学科共同承担的，每个学科所能承担的核心素养由这个学科的本质特点决定，通过学习这一学科的知识与技能、思想与方法而获得的重要的概念、能力和品格，就构成了该学科的核心素养，也就是说，学科核心素养是学生的核心素养的具体化。

结合语文学科的本质特点，鲁子问教授将语文学科能够提供的核心素养总结为四个方面：语言构建与运用、思维发展与提升、审美鉴赏与创造、文化理解与传承。在这四个核心素养中，我们不难看出，语言构建与运用是一个载体，是实现后面三个素养的不可缺少的具象表现，思维的发展、提升，审美的鉴赏、创造，文化的理解、传承，都是在语言这个具体的环境中实现的，所以我们可以这样理解，语文学科的核心素养就是，在进行语言的构建与运用中，发展与提升语文思维，鉴赏与创造生活之美，理解与传承中国文化。

3. 慧读国文课程的核心素养

语文素养是由不同的语文能力共同构成，其中包括：语文知识、语言积累、语文能力、语文学习方法和习惯、思维能力、人文素养等，语文能力主要有：观察能力、概括能力、想象与联想、理解能力、阅读能力、表达能力（口头和书面表达两种）。这几种能力分别对应的就是语文学科核心素养的语言构建和运用、思维发展与提升、审美鉴赏与创造、文化理解与传承。而这几种能力的提升可以分别在阅读与习作中具体培养和训练所习得，这些能力的共同提升才能促进语文素养的提升。

从这些分析中可以提取出慧读国文课程的六个关键元素，按照从低级到高级、从简单到复杂分为六个层次，它们是：必要的语文知识、丰富的语言积累、熟练的语言技能、良好的学习习惯、深厚的文化素养、高雅的言谈举止。其中，语文知识、语言积累、语言技能、学习习惯、文化素养属于关键能力，而高雅的言谈举止则是必备品格。语文学科依据国家课程标准划分了几个方面：识字与写字、阅读、习作、口语交际和综合实践，这几个方面并不是孤立存在的，而是相互依存、共同支撑的，也就是说，慧读国文将语文素养的六大关键元素与语文学科内容的几个方面很融洽地结合在一起。

小学阶段是一个人发展的儿童期，也是学习语言文字的初始阶段，对于没有接触过系统语言知识、能力的孩子来说，语言学习从零开始，结合儿童的心理特点和年龄特点，慧读国文课程的核心素养确定为：积累、运用语言文字；培养、训练语言感觉；提升、发展语文思维；鉴赏、创造生活之美；传承、内化传统文化；养成良好个性和健全人格。这六个素养的共同载体就是语文知识与技能的学习，通过语文知识和技能的学习不断地逐渐提高这些素养。

三、慧读国文课程的课程标准

1. 细化慧读国文课程标准的学段内容目标

《义务教育语文课程标准（2011年版）》共有三个部分，分别对语文课程的性质、基本理念、目标、内容、实施、评价进行了阐述，但是仔细分析课程目标与内容部分，可以看出，我们的语文课程标准提出的仅仅是内容标准，为了让慧读语文课程在实施过程中目标更加明确，针对慧读国文课程的核心素养，对慧读国文课程的能力目标进行了细致划分。慧读语文课程主要训练学生的能力为：识字写字能力、倾听能力、阅读能力、思维能力、观察能力、口头表达能力、书面表达能力和综合实践能力，因为淄博市实行"五四"制的教育体制，所以，在小学的五年要达成国家课程标准六年的标准，所以，我这样划分学段：一二年级为初级慧读的标准、三年级为中级慧读的标准、四五年级为高级慧读的标准。国家课程标准包括了 10 条总目标和 113 条阶段目标，针对这些学段目标大、空、粗的缺陷，我进一步细化目标，细化了慧读国文课程的学段内容标准。

2. 制定慧读国文课程的年级目标

国家语文课程标准分学段陈述的只是内容标准，对能力目标或者质量标准没有涉及，为了更好地达成慧读国文课程核心素养，按照学科核心素养——内容标准——质量评价标准的思路，进一步制定和构建了年级目标以及质量评价标准体系。（详见年级目标）

四、慧读语文课程目标

1. 课程总目标

确立依据：

（1）学生发展核心素养和语文学科核心素养的分析。

（2）语文课程标准的解读。

（3）学生学情的分析。

慧读国文课程的总目标确立为：

（1）学习基本的语文知识和基本的语文能力，积极参加各种实践活动。

（2）能够借助相应的语文知识进行表达，并且善于阅读、善于思考、善于实践、善于写作，把自己的独特想法与他人分享。

（3）在阅读、实践与写作中完善自己的健全人格，培养自己的良好个性，拥有强烈的民族自豪感。

在总目标中，健全人格、鲜明个性、民族自豪感指向必备品格，文化品位和生活本领指向关键能力。

2. 课程年级目标

为了更好地达成总目标，慧读国文课程分三级慧读逐步达成，三级慧读指向的训练重心不同，初级慧读主要在于通过阅读进行识字、写字、学词能力和朗读能力上，中级慧读通过阅读进行片段的阅读能力和写作能力的培养上，高级慧读通过阅读进行篇章阅读提升学生的阅读能力和写作能力。结合对课程标准的横向比较和纵向细化的解读和分析，以及对学生的学习、心理以及年龄特点的分析，我重组和细化了慧读国文课程的年级核心能力目标和内容目标。

年级	能力目标	内容目标
一年级	1. 诵、读能力	学习正确、流利朗读。区别诵读和朗读的不同，了解诵读的简单技巧，模仿吟诵和念诵。
	2. 识字、写字能力	识字方法的学习运用，写字规律（笔画的训练）的学习运用，词语的理解和运用（借助图片猜测、结合生活实际感受）的学习。
	3. 观察能力	留心周围的事物。
	4. 思维能力	有质疑能力，提出简单问题，有好奇心。
	5. 口头表达能力	能够用一句或者几句话表达自己的看法。
	6. 倾听能力	能够看着对方并有意识地去听。
	7. 语言运用能力	能够运用所学的词语写出句子，表达自己的想法，能够仿写一个句子。
	8. 书面表达能力	有用书面进行表达的意识，知道一句完整的话的构成，并用一句话表达自己的看法。
二年级	1. 诵、读能力	学习有感情地朗读课文。有主动进行诵读的意识，能够根据节奏念诵部分古诗词，模仿吟诵部分古诗文。
	2. 识字、写字能力	运用借助工具书、分类识字等方法识字；通过写字训练汉字的间架结构；词语的理解和运用（联系具体语境、生活实际以及个人经验）的学习。
	3. 观察能力	就自己感兴趣的事物进行观察。
	4. 口头表达能力	能够对照图文流利地用一段话表达自己的看法和观点。
	5. 倾听能力	能够注意听，并且了解对方表达的意思。
	6. 语言运用能力	能够运用阅读中和生活中积累的词语用一段话表达自己的观点，能够仿写一段话。
	7. 书面表达能力	用一段话表达自己的看法和观点，有运用恰当的标点符号完成和丰富自己表达内容的意识。

三年级	1. 阅读方法	学习并学会默读。
	2. 诵读能力	能够独立诵、读简单的诗文。
	3. 思维能力	概括能力：通过抓关键词句、体会文章表达的思想感情，通过抓段落中心句和过渡句等把握段落大意，通过综合段落中心句、概括段落或说清时间、人物、事件和结果等方法把握文章主要内容。 理解能力：借助文章的关键词句、联系上下文和生活实际说出自己对文章中的生动形象的看法和观点以及优美语言的独特感受。
	4. 阅读能力	初步学习独立阅读故事类的文本，包括寓言故事、神话故事以及民间传说等。
	5. 观察能力	能够带着任务或者问题有目的、有顺序地观察大自然及社会。
	6. 口头表达能力	用口头表达的形式有层次、清晰地表达自己的观察所得。
	7. 倾听能力	有良好的倾听习惯，能够听懂、复述他人的观点，并做出相应回应。
	8. 书面表达能力	学习有意识地运用段落结构和篇章结构的知识有顺序地写片段作文和简单的篇章作文，并乐于写作。
	9. 语言运用能力	能够选择恰当的语言表达自己的真情实感，注重个人独特的看法和观点。
	10. 综合能力	学习有计划地开展活动，并尝试用语文知识和能力解决活动中遇到的简单问题。
四年级	1. 诵读能力	能够独立诵、读古诗词。
	2. 阅读方法	默读每分钟不少于280字。

四年级	3. 思维能力	能够结合具体的情境和文字环境以及文章中关键词语的感情色彩简单分析文章的生动形象，珍视个人的独特感受和观点。初步了解文章的基本表达方法，如写景抒情、侧面描写、动作描写、神态描写、语言描写等。
	4. 阅读能力	学会通过品析人物形象独立阅读简单的贴近学生生活实际的小说，学会通过神奇的想象独立阅读童话故事，结合自己的生活实际谈阅读感受，对自己的行为有影响。
	5. 观察能力	有目的地观察和搜集资料，并学习细致观察事物的特点。
	6. 口头表达能力	有选择地抓住某一事物的特点层次清晰地表达自己的观察所得，有见闻，有独特感受。
	7. 倾听能力	有自觉的倾听习惯，能够抓住对方表达的要点进行转述并做出恰当回应。
	8. 书面表达能力	能够按照一定的顺序和抓住事物的特点有选择地筛选素材进行情感和观点的表达，乐于写作并分享自己的作品，能够根据同伴的意见修改习作。
	9. 语言运用能力	有根据自己表达真实情感的需要选择恰当表达方式和恰当词句的意识和初步能力。
	10. 综合能力	学会利用图书、网络信息等渠道获取资料，尝试写简单的策划方案和研究报告。
五年级	1. 诵读能力	能独立诵、读遇到的各类文本。
	2. 阅读方法	通过跳读、抓主要内容和大标题等方法学习浏览，扩大知识面，根据自己的实际需要搜集和筛选信息。
	3. 思维能力	能够思考文章的表达顺序，并初步领悟基本表达方法的作用，有简单的文体意识，学会抓住文体的特点去感受文章，有自己的独特感受和观点。
	4. 阅读能力	学习独立阅读简单的文学作品，能够带着个人的感受交流阅读体会，并乐于分享自己的感受。

五年级	5. 观察能力	养成有意识地观察周围事物的习惯，运用多种感官细致观察事物，将事物观察得具体而仔细。
	6. 口头表达能力	对大家关注的问题进行交流，有是非、善恶、美丑等个人观点，并用证据证实自己的观点。
	7. 倾听能力	能够及时对对方的话语进行恰当回应，注意语言美和文明礼仪。
	8. 书面表达能力	懂得写作是为了自我表达和与人交流，能够借助恰当的表达方式和方法把自己的所见、所闻、所感写具体，恰当分段表述，根据自己的情感表达需要选择习作素材。
	9. 语言运用能力	做到语句通顺，力求语句优美，每一句话或者每一段文字都为更好地表达自己的情感和观点。
	10. 综合能力	能够策划各类活动，在小组内就活动的主题和详细方案进行讨论和分析，写出活动方案和活动总结或者研究报告。

五、慧读国文课程的内容

课程的内容组织由目标决定，为了达成慧读国文的核心素养，我的课程由四个子课程组成，它们分别是意象诵读、慧心阅读、实践交际和体验写作，体系构图如下。

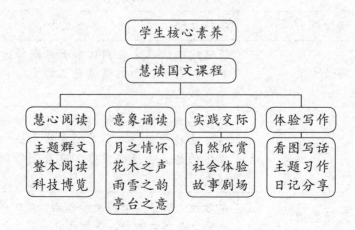

为了达成课程的人文素养目标，我的慧读国文课程用主题单元来组成我每个学期的课程内容，主题主要由情感、态度、价值观等来确定，按照文本内容或者一个人的情感体验，可以把每个学期的文本内容列为三大板块：人与自然、人与社会、文学殿堂，每个板块包括二至三个主题单元，同一主题的文本一起阅读，对学生进行相应的人文素养的熏陶，每个单元后面跟一个相应主题的实践活动，让学生进行亲身体验，从而逐步达成人文素养的培养。根据学生的需求，在不同的年级可能会有重复的主题，但是学生的理解及思维上有所提高。

	人与自然	人与社会	文学殿堂
一年级	拼音单元 认识秋天 自然景物	我爱家校 我和生活 爱的礼物	童话故事 （学会赞美） （学会坚持）
	认识春天 认识夏天 爱护自然	我爱家人 善于动脑 科学常识	童话故事 （诚信勤奋） 历史故事 （学会感恩）
二年级	欣赏秋天 爱护环境	校园生活 关心他人 赞美祖国	寓言故事 （事物联系） 童话故事 （友好相处）
	欣赏春天 祖国美景	奉献的心 学会动脑 学会观察	寓言故事 历史故事 名人故事
三年级	赞美秋天 最美祖国 保护自然	课余生活 传统文化	名人启示 寓言故事 动画故事
	赞美春天 观察自然 祖国名胜	世界友好 爱的教育 科技信息	故事长廊 名人笔下的动物
四年级	美丽风光 借景抒情 （思乡）	诚信专注 呼吁和平	童话故事 （感受幸福） 名人故事 （学会成长）
	西部风情 珍惜资源	爱上阅读 父母之爱 民族精神	城南旧事 （快乐童年） 生活启示

五年级	亲近自然 异域风情	人间真情 家国情怀	小说欣赏 走进毛泽东
	动物心语 自然科学 （离别季）	珍惜时间 各地风俗 无私奉献	艺术熏陶 名著鉴赏

根据核心目标和学生实际情况，拟定了部分阅读书目和意象诵读的内容供学生进行选读和交流，分别是：

慧心阅读内容		
《猜猜我有多爱你》 《落叶跳舞》 《要是你给老鼠吃饼干》 《神奇的校车》 《我有友情要出租》 《大脚丫跳芭蕾》 《穿靴子的猫》 《胡萝卜种子》 《阿利的红斗篷》 《克里克塔》 《小猪唏哩呼噜》 《中国古代神话故事》 《安徒生童话》 《花婆婆》 《中国成语》 《一年级大个子二年级小个子》 《没头脑和不高兴》 《妹妹的红雨鞋》 《哪吒闹海》 《踢拖踢拖小红鞋》 《花瓣儿鱼》 《我的野生动物朋友》 《我讨厌妈妈》 《小巴掌童话》	《了不起的狐狸爸爸》 《长袜子皮皮》 《吹小号的天鹅》 《窗边的小豆豆》 《昆虫记》 《爱的教育》 《时代广场的蟋蟀》 《苹果树上的外婆》 《宝葫芦的秘密》 《夏洛的网》 《列那狐的故事》 《天方夜谭》 《绿野仙踪》 《海底两万里》 《草原上的小木屋》 《总有一天会长大》 《福尔摩斯探案集》 《爱丽丝漫游仙境》 《游戏里的科学》 《小飞侠彼得·潘》 《皮皮鲁传》	《草房子》 《城南旧事》 《荷花镇的早市》 《春秋故事》 《古代诗书与贤者故事》 《乌丢丢的奇遇》 《王子与贫儿》 《假如给我三天光明》 《三国演义》 《西游记》 《青铜葵花》 《狼王梦》 《苏菲的世界》 《七号梦工厂》 《中国古代帝王与名士故事》 《繁星·春水》 《雾都孤儿》 《汤姆叔叔的小屋》 《上下五千年》 《十五岁的小船长》

意象诵读内容		
蒙学经典	花木之声	亭台之意
《三字经》 《百家姓》 《千字文》 《千家诗》	杨柳篇 白杨篇 松柏篇 翠竹篇	长亭篇 廊台篇 楼阁篇 林园篇
月之情怀	荷花篇 菊花篇	雨雪之韵
童真篇　向往篇 离思篇　忧愁篇 心伤篇　温情篇	梅花篇 兰花篇 《诗经》篇	风雨篇　白雪篇 霜露篇　雾霭篇 云霞篇

六、慧读国文课程实施

1. 课程实施原则

课程实施是促使学生通过课程内容达成课程目标的重要途径和手段，为了激发学生的兴趣和真实性学习的发生，体现我的"慧"读，即走进内心、触碰心灵地读，在课程中最重要的实施原则有：

（1）活动贯穿，鼓励参与。（实践性、综合性）

（2）重视参与，珍视个性。（主动性、创造性）

（3）上施下效，以身示范。（正确导向）

（4）训练明确，方法得当。（反复习得）

2. 课程实施路线

为了落实课程的学科素养目标，进一步梳理各种能力之间的关系。从语文的本质特点和能力培养出发，语文学科有两大关键能力：即阅读能力和表达能力，根据积累和运用的关系，阅读能力是基础，表达能力是目的。具体文本内容的确定理念为逆向突破建构课程，即从阅读目标出发确定不同方面的文本阅读内容，学习阅读方法，指导相应课外阅读。然后寻找出相应的习作目标，确定指导写作方法的文本进行写作，带着目标开展相应的活动或体验，这样就构成了慧读语文课程的内容，如图所示：

　　每个学期主题单元的学习都融合进活动中，将本单元设计的阅读目标、习作目标、实践交际目标等巧妙地融合，让学生在"做"中将知识目标转化为能力目标，并促使人文素养对学生进行润泽，为了更好地达成这个活动的总目标，我设置了单元活动线路图为：

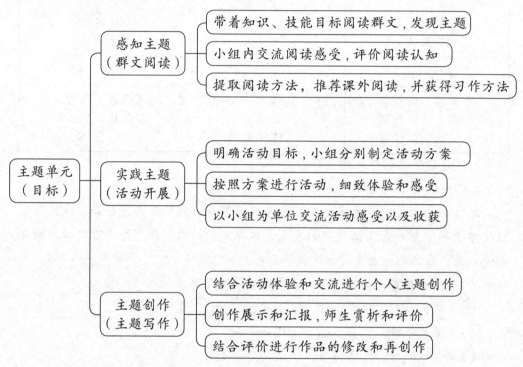

七、慧读国文课程评价

　　每一门课程都有自己的评价方式，同样慧读国文课程的评价方式坚持过程性评价和终结性评价两种评价：

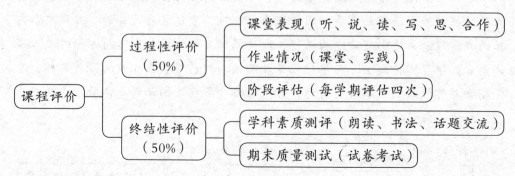

　　过程性评价侧重的是学生学习过程中各种能力的评价，主要从以下维度进行。

过程性评价的基本常规评价：

形成性评价（50%）				
评价内容			评价要素	评价得分标准及评价方式
慧心阅读、体验写作子课程评价	课堂表现	听	认真倾听老师、同学的发言，了解内容并思考	根据课堂表现的程度，由教师发放加分币。
		说	复述听取内容、大胆简要地说出自己的见解，积极参与小组合作交流	
		读	语调、语气恰当，语速合适，正确停顿，边读边思	
		写	写字姿势端正，遵循书写规律	
	作业表现		按时完成作业，及时上交，书写整洁、认真	根据作业所得等级由小组长发放加分币。
意象诵读子课程评价	背诵积累		背诵熟练、背诵形式、背诵数量	根据背诵积累情况，由小组长记录并发放加分币。
实践交际子课程评价	过程参与、小组合作、展示表现			根据参与情况，由教师、学生、家长共同评价，并发放加分币。
阶段测试：10%	书写认真、审题仔细、学以致用			教师批阅，小组长发放加分币。
终结性评价（50%）				
评价项目	评价要素		评价得分描述	评价方式
期末检测评价	基础字词，诗词背诵、语句积累、阅读理解、习作等		卷面满分100分	纸笔测试（60分钟）

过程性评价中各个板块能力达成的形成性评价维度：

（原则：评价方式多元化、评价主体多元化、多功能评价、突出形成性评价）

	慧心阅读	体验写作（话）	实践交际	意象诵读
评价维度	阅读面和阅读量 多角度创意的感受 优秀句段的积累量 阅读兴趣 阅读速度	写作习惯和兴趣 真情实感的表达 写作技巧的运用 自我修改的意识 评价展示	方案制定 参与积极性 主动提问、搜集资料 运用知识探究解决问题 成果汇报展示	诗词文的选择 合作探究的参与 诵读展示 诗文的理解感悟

八、慧读国文课程保障

为了确保慧读国文课程的顺利开展，要从以下几个方面进行保障：

学校层面：

1. 学校领导的课程领导力不断提高

2. 学校对课程活动给以支持和安全措施的保障

家长层面：

1. 成立班级家长委员会，并给出活动安全保障和协同组织活动

2. 部分人力、物力的支持和配合

教师层面：

1. 不断更新教育理念和课程意识

2. 不断实践和探索，在实践基础上完善自己的课程，探究更适合学生的教学方法和策略

3. 争取早日开发出属于自己班级的课程读本

第三节　　基于课程标准的教学之优势

一、基于课程标准的教学的内涵

　　课程标准反映了国家对学生学习结果的统一的基本要求，是对学生在校期间应达到的知识与技能、过程与方法、情感态度价值观的阐述。因此，课程标准限定的是学生的学习结果，而非教学内容。基于课程标准的教学，就是教师根据课程标准对学生规定的学习结果来确定教学目标、设计评价、组织教学内容、实施教学、评价学生学习、改进教学等一系列设计和实施教学的过程。基于课程标准的教学给了教师一种方向感，它既为教学确立了一定的质量底线，又为教学预留了灵活实施的空间。因此，它要求教师根据教学目标适当处理教学内容，根据课程标准倡导的理念选择适合的教学方法，而且还要求教师开展基于课程标准的评价。

　　基于课程标准的教学不是要求所有教师教学标准化，也不是一种具体的教学方法，更不是像有些教师认为的"课程标准涉及的内容我就教，课程标准没有涉及的内容我就不教"。确切地说，基于课程标准的教学要求教师"像专家一样"整体地思考标准、教材、教学与评价的一致性，并在自己的专业权力范围内做出正确的课程决定。

二、基于课程标准的教学的特征

　　自从进入普及教育时代，在出现国家课程标准之前，教科书占据着一个核心的地位。教师考虑最多的就是"教什么"和"怎样教"的问题，至于"为什么教"和"教到什么程度"的问题，教师不仅关注得不多，而且也没有学理的和权威的依据。有了国家课程标准之后，就要求教师应该"像专家一样"整体地、一致地思考上述四个问题，并做出正确的决定，这就是所谓的基于课程标准的教学。

（一）教学目标源于课程标准

有了国家课程标准之后，教学的目标要说明的是"为什么教"和"教到什么程度"的问题，它不是来源于教材或教师的经验，而是来源于国家课程标准；教学的主题、内容以及活动都是由教学所要达成的目标决定的。教师需要深刻理解课程标准，把握对学生的总体期望，将课程标准具体化为每一堂课的教学目标，并据此来确定教学内容，选择教学活动方式。但从课程标准到教学目标，中间存在着一段比较大的距离。课程标准反映了对学生的总体期望，是课时教学目标累积起来达成的，从课程标准到课时目标必须经过多重转换：课程标准（一个学段结束后要达到的结果）——学年／学期目标——单元目标——课时目标。教师必须在深刻理解课程标准的基础上，对课程标准进行解构，再在具体的教学情境中，结合教科书的内容，对课程标准进行重构，形成单元／课时目标。也就是说，在基于课程标准的教学中，源于课程标准的教学目标先于教学内容而存在，教师需要根据先定的教学目标处理教学内容。教科书只是用以支持教学的工具或资源之一。

（二）评估设计先于教学设计

在传统的教学中，评估是外加于教学过程的一个部分，主要用于检测学生是否已经知道教师所教的东西，能否表现出教师所教的技能，而不是用于检测学生是否学到根据目标要求应知和能做的东西；且评估的设计通常是在课程单元完成之后，其功能在于检测或提供反馈，不具有指导教学的功能；评估的设计、实施和评分常常具有较大的随意性，缺少关于目标及高质量表现的清晰意识。在实践中这样的现象并不少见，如教师自己编制的试卷很少反映学生的学习，也没有反映课程标准规定的质量指标，且经常是不清晰的。

在基于课程标准的教学中，教学是为了让学生努力去证明"教到什么程度"，评估是为了获得"教到什么程度"的证据，它代表着学生需要知道的东西，是与目标紧密相连的。教师的教学是从对学生必须完成的任务以及学生作业应有的质量的清晰构想开始，再到计划一系列的活动以保证班级中每个学生都有出色的表现，进而获得对学生达成标准的证明。换言之，基于课程标准的教学是由学生应知和能做的共识来驱动的。为保证学生达成课程标准的要求，教师必须清楚地意识到，要展示成就，学生必须知道什么，能做什么，达成标准应有怎样的表现质量。在基于课程标准的教学中，这些问题对于教学具有重要的指导作用，如能够指导课的内容设计，指导课的计划和节奏，指导对学生学习质量的评估。就此而言，明确学生在结束时能做什么，最终判断表现的指标又是什么，并对学生做出解释，这是基于课程标准的教学的起点。也就是说，在基于课程标准的教学中，评估的设计必须先于教学活动的设计。

（三）指向学生学习结果的质量

在基于教师经验或教科书的教学中，教师往往借助个人的判断或者某种工具对学生的学习做出评定，学生学习等级的判定反映的是教师个人关于教学质量和学习质量的理解。在基于课程标准的教学中，学习结果的质量对所有的学生都是相同的，但达成这一结果的方式却是千差万别的。教师仅仅让学生完成作业是不够的，必须将学生做的作业用来证明学生在掌握特定的知识、技能和意向方面的进步。教师必须在头脑中清楚地意识到所期望的质量，引导学生去实现这些进步。教学不是随机的，而是与学生已知的、能做的以及所期望的学习质量紧密相关的。教师必须有多种教学策略来满足学生多样的学习需要，并规划适当的学习机会，允许学生以自己的节奏实现进步。

基于课程标准的教学是否成功要根据学生的学习结果来判断。教师们再也不能说，"我课教得很好，只是学生没有好好学习"。良好的教学的证据是达成了共同制定的标准。如果证据表明学生没有适当的表现，教师就应当提供额外的教学。在基于课程标准的教学中，对表现的评价是根据共同认定的表现标准来判断特定的表现证据，也就是说，对学生进步和表现质量的判断必须反映出课程标准所列举的适当表现的特征。尽管不可避免地会存在因个人偏好产生的差异，但学生总是有理由"会被一个教师看成好的，也会被另一个教师看成好的"。一个教师眼中合理的进步也会被其他教师看成是合理的进步，学生也能运用这种特定的质量指标来引导自己的学习，判断自己的作业与进步。学生的作业是表现信息的重要来源，也是教师判断教学成功或是否需要改善的重要依据，教师据此了解学生的学习状况，进而为设计下一步的教学提供决策基础。

（四）基于课程标准的教学设计的流程

为保证教学设计中目标、实施、评价的一致性，基于课程标准的基本流程

如下:

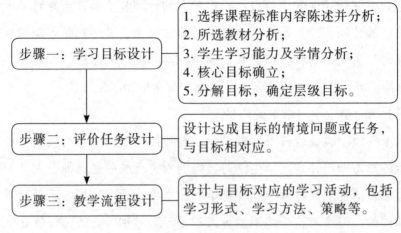

步骤一：学习目标设计
1.选择课程标准内容陈述并分析；
2.所选教材分析；
3.学生学习能力及学情分析；
4.核心目标确立；
5.分解目标，确定层级目标。

步骤二：评价任务设计
设计达成目标的情境问题或任务，与目标相对应。

步骤三：教学流程设计
设计与目标对应的学习活动，包括学习形式、学习方法、策略等。

逆向教学设计流程图

步骤一：学习目标设计

即"如何分解课程标准中的相关内容，使之更加具体、清晰"。

1.分析课程标准内容陈述：根据相应学段的相关学习领域，选取课程标准中相应的内容标准。明确通过教学活动的开展，学生应该知道什么？应该理解什么或能够做到什么？学生良好的情感态度价值观是什么？

2.教材分析：选择学习内容并进行教材分析。在这一步骤中，教师要对所依据的课程标准进行充分的考虑，以选择符合课程标准学习要求的学习内容。

3.学情分析：根据学生的学习能力进行学情分析。分析学生的学习特点，根据课程标准的要求，确定学生的学习需求。

4.依据以上三项确定核心目标。陈述通过教学活动的开展，学生应该知道什么？应该理解什么或能够做到什么？学生良好的情感态度价值观是什么？（如果有比较具体的内容标准，本步可以省略。）

5.分解核心目标，确定学习目标。

将核心目标中的各项内容进行层级分解。每个层级目标之间要保证学生学习的逐层提高，也就是说，每一个层级目标都是上一个层级目标的提升，同样也是下一个层级目标的基础。这样的学习目标有利于学生在学习活动中学习能力的逐步提升，最终指向核心学习目标的实现。

步骤二：评价任务设计

即"证明学生达到上述标准的最好途径是什么"。评价任务的设计先于教学活动的设计，有利于教师带着问题思考教学，通过评价促进教学，确保达成预期目标，避免教学流于形式"走过场"的现象。

评价任务的叙述要写明白学生完成什么任务、什么表现能知道已经达成了预期的学习目标，也就是两大基本要素：任务和标准。

说明：评价任务的设计要与相应的层级目标相对应，这种对应关系可以是一对多的对应关系，也可以是一对一或多对一的对应关系，根据实际教学需求进行相应调整，但是必须要说明每一个评价任务对应了哪个或者哪些层级目标。这样更有利于教师在学习活动中对应相应的层级目标进行评价，实现教、学、评的一致性。

步骤三：教学流程设计

即"怎样选择和组织内容才能帮助学生在完成评价任务时表现突出"。学习活动的设计包括学习形式的选择和组织，学习方法和策略的选择等。以上选择要指向各个层级目标的实现。

第四节　基于课程标准的教学设计及案例
——以小学语文为例

一、研究背景

随着第八次课程改革的到来，课程标准取代了教学大纲，明确提出了学校教学要依据课程标准，而当前很多老师还没有很好地理解课程标准的真正含义，仅仅是把它作为教学大纲来使用，导致了对它的误解并且在实施过程中出现了挫折。根据调查，我区小学教师中，有 76.5% 的老师没有研读课程标准，有 8.9% 的老师简单翻阅课程标准，只有 14.6% 的老师认真读过课程标准，其中大部分老师仅仅局限于读，并没有把课程标准认真地在自己的教育教学中实施。实际上，课程标准反映的是对学生学习结果统一的、基本的要求，限定的是学生的学习结果，而非教学内容，而且这个学习结果是对包括知识与技能、过程与方法、情感态度价值观的全面的、基本的考查。

基于课程标准的教学设计就是将课程标准与教学实施达成一致性的一种构建，创设一个合理的、符合学生实际情况的教学系统，促进学生的学习，它是一种逆向的设计模式。这种教学设计的三个特点很好地诠释了这种逆向教学设计的优势。

二、基于课程标准的教学设计是一种面向目标的教学设计

这个设计是先有目标的设计，"它是一种有目的的任务分析，即假定有一个任务，我们怎么做，为了达成某种预期的学习目标，我们需要如何设计与组织教学活动。"这就像要组织一场旅游，必须先明确自己要去哪里，把目的地搞清楚。在有了目标之后，紧扣着目标进行教学评价任务的设计和教学流程的设计。一节课的目标究竟如何确立呢？要做好三个分析：

1. 课程标准的分析

学习目标必须与课程标准保持一致，只有在课程标准的指导下分析和确立的学习目标才是成系统的、能够得到有层次训练的课程目标。但是据去年抽取的不同教师、不同学科的 21 份学期教学计划目标和课时教案分析，得到了以下数据：

主题	不一致	比较一致	一致	总数
学期教学计划目标与课程标准	17	4	0	21
课时教案学习目标与课程标准	5	14	2	21

从学期教学计划数据分析，教师依据课程标准整体思考课程与教学的意识还不强；从课时教案数据分析，课程标准还没有较好地落实于课时学习目标中，也就是说，教师只是依据经验展开教学，叙写学习目标就只是"例行公事"而已，教师缺乏课程标准的意识导致了教学准备的随意性、盲目性。

那么，如何将课时目标与课程标准紧密结合？那就是课程标准到课时目标的分步转换的过程：课程标准——年级目标——单元目标——课时目标，认真解读语文课程标准，把总目标和学段目标进行详细分析，把小学阶段的三个学段目标的五个方面进行对比，确定每一个学段学习的主要任务。同时把相同目标的学段水平理清，把一个学段的目标细分为学年目标，乃至学期目标。例如：在阅读板块目标中三个学段都有关于"正确、流利、有感情地朗读课文"的陈述，第一学段是"学习用普通话正确、流利、有感情地朗读课文"，第二学段是"用普通话正确、流利、有感情地朗读课文"，第三学段是"能用普通话正确、流利、有感情地朗读课文"，通过比较，可以明确关于朗读训练，第一学段是进行学习，而第二学段是运用技巧朗读，到了第三学段那就是可以自主朗读了，这样在每个学段中关于朗读学生应该达到的程度就非常明确了，学习的重点也就可以确定了。除了三学段目标的比较，我们还对每个学段的每一条目标内容进行了分析和细化，让我们明确每一条陈述内容包含的具体知识、能力训练点以及评价的关键在哪里。比如：关于"正确、流利、有感情地朗读课文"一条陈述，经过细致分析，正确的标准就是没有错字、没有漏字和添字，流利的标准就是不重复、不磕磕绊绊、停顿适当，而有感情朗读的训练点在于语调、语速和重音，这就很明确地了解了指导朗读的训练点和评价的关键。

经过这样横向对比和纵向细节之后，我们分解出了每个学期学生在识字写字、阅读、写话（习作）、实践活动和口语交际不同方面要达到的能力水平，有了学期目标，我们就可以针对学期目标有计划地选择文本，逐步达成目标。因为我们的目标是从课程标准中分解而来，所以，我们的学期目标是成系统的，学期与学期之间的目标是递进的，整个小学阶段的训练是有系统的。

2. 进行学生学习情况的分析

在分解课程标准的基础上，根据学生的学习基础构建学习目标是基于标准教学的另一重要环节。学生永远是学习的主体，是学习的主人，他们是每节课学习目标的重要影响者。在确定了每节课要去的目标之后，我们要分析学生的实际情况，比如我要上一节二年级上学期的语文课，经过学段目标的分解，我们找到了二年级上册学生应该达到的阅读能力的目标，它们是：

（1）学习用普通话有感情地朗读课文。学习默读。

（2）结合上下文和生活实际了解词句的意思，在阅读中积累词语。

（3）阅读浅近的童话、寓言、故事，向往美好的情境，关心自然和生命，对感兴趣的人物和事件有自己的感受和想法，并乐于与人交流。

（4）诵读儿童诗和浅近的古诗，展开想象，获得初步情感体验，感受语言的优美。

（5）在阅读中体会问号、叹号所表达的语气。

我们首先要达成第一条阅读目标：学习用普通话有感情地朗读课文。我们就要分析学生在这方面的学情：初步具有了独立识字意识，能够熟练地借助拼音识字，同时也积累了不少识字方法，如加一加、减一减、换一换、联系生活识字等。但是，辨别同音字、形近字的能力还不够。二年级学生大部分能够做到正确朗读课文，但是在流利、有感情两个方面需要再加引导。默读开始了初步学习，需进一步培养。在联系上下文和生活实际理解词语能力上需再提高。

3. 进行文本教材的分析

文本教材的确立一定是为了达成系统的教学目标，在分解出的学期目标中，为了达成某一个目标，确立相应的文本教材，就要对文本进行详细分析，分析也要针对我们的核心目标和学生情况。比如为了达成学生"有感情地朗读课文"这个核心目标，确定了借用《日月潭》这篇文本进行教学，可以这样分析：《日月潭》是一篇描写宝岛台湾日月潭风景的一篇短文，全文共5段，分别从日月潭的位置、环境、名字由来以及清晨中午的景色来描写。每段的描写语言优美，短语错落有致，读起来朗朗上口，成语颇多，融在课文中容易理解，特别是对清晨和中午的风光描写，两种不同时间、不同天气状况下的别样风光，通过不同的语气和语调读出别样的美。第四段是指导学生诵读的最佳段落。《阿里山》这篇短文，与《日月潭》结构相似，语言具有韵味，描写的景色如诗如画，能够运用在《日月潭》中学到的不同景色运用不同语气、语调朗读的方法进行朗读。

　　分析要针对核心目标进行，既要分析到具体的达成目标的段落，更要分析到可以指导的技巧和方法，做到心中有整节课的大方向、大方案。

　　经过课程标准、学生学情、文本教材的分析后，就可以确定本节课的核心目标：通过自主、合作、探究学习有感情地朗读课文。为了达成这个核心目标，我必须要理出达成的各级目标，于是需要对核心目标进行图表分解，例如：

　　核心目标：通过自主、合作、探究学习有感情地朗读课文。

核心概念	行为动词	行为条件	行为程度
朗读课文	学习	自主、合作、探究	有感情
↓	↓	↓	↓
全文、词语、生字	朗读、认读	自主学习、小对子互查、课堂展示	正确、准确
全文、课文内容、日月潭情况	朗读、感知、介绍	活动：争做小导游	流利朗读、说出内容
清晨、中午、晴天、雨天时日月潭的美丽景色、好词好句	朗读、理解、积累	通过自主学习，开展小组合作，在生生互动、师生互动下，借助图片放映、景色对比、示范朗读、抓重点词语等手段	有感情地朗读、说出、背过
所学的朗读步骤和方法	运用	借助短文《阿里山》，通过自主学习、小组合作、展示交流等	灵活运用，正确流利、有感情朗读

　　对图表分解进行综合阐述，就得到了一节课的学习目标：

　　目标1：自主学习，朗读课文，认读含有生字的词语和单个生字，小对子互查，做到熟练认读生字，正确朗读课文。

目标2：朗读课文，整体感知，争做小导游，用文中的句子介绍日月潭的位置、环境和名字的由来，做到流利朗读。

目标3：小组合作朗读三、四段，在生生互动、师生互动中借助图片、景色对比、抓重点词语等方法理解、积累描写日月潭美景的词句，做到有感情朗读。

目标4：运用学到的朗读步骤和方法，朗读《阿里山》一文，在自主学习、小组合作、展示交流中，做到正确、流利、有感情朗读短文。

仔细看这四级目标，它们之间是相互联系的，一级目标"正确朗读"是二级目标"流利朗读"的基础，二级目标又是三级目标"有感情朗读"的基础，同时四级目标是对一、二、三级目标学习的具体运用，目标之间层层递进。

三、基于课程标准的教学设计是一种预先考虑教学评价的设计

什么是教学评价？教学评价就是对学生学习情况的一种标准，也就是学生学会知识、掌握能力的表现，通过学生的哪一种表现证明学生已经达成了目标。如果说，学习目标是一场旅游的目的地，那么教学评价的设计，就是找到到达目的地的标志。所以，教学评价的设计一定是紧扣学习目标而设计的，有几个学习目标，就有几个教学评价的设计。而为了更好地引导学生达成学习目标，我们在设计标准时，往往先设计好教学评价任务，也就是学生要通过什么活动或者任务学习、探究，从而达到掌握知识、能力的标准。例如《日月潭》一课的教学评价任务，就是紧扣学习目标进行设计的。

目标1，达成的评价任务设计：读带有生字的句子和词语，准确认读生字，全文朗读，争取不丢字、不加字、不错字。

目标2，达成的评价任务设计：朗读全文，整体感知，说说文章介绍了日月潭的哪些方面的内容，并流畅地读出，做到语速适中，不重复，不磕磕绊绊，根据文章内容读好停顿。

目标3，达成的评价任务设计：读描写日月潭美丽景色的句子，抓关键词语理解并积累，能够抓住至少一处进行理解、积累、有感情地朗读，争取做到语气轻快、语调适中、重音突出。

目标4，达成的评价任务设计：利用本节课已经学到的读文方法，拓展阅读《阿里山》，在小组内交流的句子至少一处，做到正确、流利、有感情朗读。争取做到不错字，读出停顿，语调恰当，语速适中，能读出明显的部分重音。

设计好评价任务后，就可以很好地引导学生进行具体的学习，而评价标准

就可以在学生进行具体的学习任务中师生共同得出，这样，既可以让学生明确自己要达到的水平在哪里，自己现在的水平在哪里，接下来努力的方向是什么，又可以让老师明确地知道学生的水平应该在哪里，了解在课堂中学生的水平已经到了哪里，更好地反馈下节课要到哪里。

四、基于课程标准的教学设计是一种教、学、评一体的设计

"评价的实质在于促进人类活动的日趋完善，是人类行为自觉性与反思的体现，实际上评价就应是渗透于人类有意识的活动之中，是活动的一个有机组成部分。"基于这样的分析，作为一种人类活动的教学活动，也就应该渗透有评价过程，而不能将教学和评价割裂。在设计好了一节课的学习目标和教学评价任务之后，就要进行教学流程的设计，教学流程的设计紧扣学习目标设计，有几个学习目标，就有几个教学流程，目标之间层层递进，教学流程也是环环相扣。而且，教学流程的设计很好地体现了教、学、评的一体，每一个环节有教、有学、有评价，才能更好地保证学生在环环相扣的学习中层层达成核心目标，例如《日月潭》一课第三环节的流程设计：

学生活动	教师引导	评价标准
第三环节：重点研读三、四段，理解、积累词语，有感情朗读。 1.默读三、四段，独立思考，画出文中描写日月潭清晨、中午、晴天和雨天景色的句子，读一读。	找出描写不同时间、不同天气下的美景句子的时候，分别出示这些句子，通过对比，引导学生找出景色的不同。	至少找出一处进行朗读。
2.小组内交流找到的句子，并说说你觉得什么时候的日月潭最美？哪个词语让你感受到了美？把你觉得美的词语重读试试看。	出示图片，感受不同情况下的日月潭，根据学生的词语交流进行理解（点点灯光、蒙蒙细雨、隐隐约约、太阳高照、群山环绕等）。每个词语搭配一张图片进行词语意思的理解，同时积累下来。	至少找出两个词语，用词说话或者找近义词的方法了解词语，并能够重读，读出景美。

3.课堂展示，读出日月潭的美。（一名同学展示，其他同学评价得分，共同得出评价标准）	引导学生读出清晨日月潭的婉约美（轻柔），晴天时的明亮（欢快）、雨天时的抒情（缓慢轻柔）。此时可以示范朗读。	清晨的景色：语气轻柔 中午晴天景色：语气欢快 中午雨天美景：语气轻柔，语速较慢。 至少能够有两处词语的重读。
4.进行填充朗读，空出词语，让学生朗读，达到积累。	引导学生总结整个朗读的步骤和方法。	借助提示背诵出美丽的景色描写。

每个环节中的学生活动和教师活动清晰，每项任务的评价标准明确，教、学、评的一体化非常明晰，这就保证了教师的教、学生的学以及师生的水平达成标准都朝着目标的达成而行。

基于课程标准的教学设计是课程整合的一个基础研究项目，我们要从这样的设计中抓住做课程的两个关键的东西：第一，从教学设计中把握做课程的依据。依据就是各科的课程标准，这是任何课程的一个最基础的依据，从课程标准做起也好，在原来课程标准的基础上结合学生的实际情况进行再次分解、重组、细化也好，课程的基础都是课程标准的要求。第二，做课程要有一种思维，即逆向思维。做课程与每堂课的设计是一样的，都要从目标开始做起，内容、实施、评价都是紧扣目标而行。

附件：以"重阳节里话民俗"为例的基于课程标准的逆向教学设计

授课年级：三年级

所选内容：《每逢佳节倍思亲》（苏教版三年级上）

传统文化之传统节日（地方课程二年级）

所需课时：1课时

一、本课涉及的课程标准内容陈述

1.用普通话正确、流利、有感情地朗读课文。（《义务教育语文课程标准》2011版第10页。）

2.能联系上下文，理解词句的意思，体会课文中关键词句表达情意的作用。（《义务教育语文课程标准》2011版第10页。）

3.了解中华传统节日、民俗风情，培养自己热爱中华传统习俗的感情。（地方课程《传统文化》课程标准第 3 条。)

二、班级学生学情分析

我班学生对于文本中出现的生字能够通过查字典的方法自己解决,但是对于词语的理解还不能自行解决,应该教给学生理解词语的策略和方法(结合上下文或者查词典)。因为年龄特点,学生对于离开父母、思念亲人的亲身经历很少,所以对于文本所表达的情感体验较少,为了帮助孩子理解诗词的感情,学习这篇"文包诗",通过想象和联想以及情境创设中去感受文章中诗人的情怀。

因为地域的原因,北方人对于重阳节的风俗知之甚少,通过调查可知,班级的学生对于重阳节的了解比较少,很少有同学在重阳节这天进行爬山、插茱萸、赏菊花等活动。传统节日作为中华传统文化重要的一部分,随着时代的发展已经被淡化,我们有义务通过生动、形象的教学活动引发学生对传统节日的重视,并将我们的民俗继承发扬。

三、所选教材分析

从三年级开始,对于诗词的学习开始转向领悟诗文的大意,体会诗人的情感,但是很多古诗文的情感抒发离学生的生活实际较远,尤其是刚刚学习了《古诗两首》,都是秋天思亲的古诗,学生对诗中的大意、情感不容易把握,所以,我们选择利用"文包诗"这样的形式,借重阳节这样的契机,引导学生在诵读诗文的时候展开想象、进行联想去理解和领悟诗文的大意,感受诗文中的真挚情感。

《每逢佳节倍思亲》这篇文本采用"文包诗"的形式来写,全文分两个部分。第一部分通过一个通俗易懂的故事,简要介绍了王维创作古诗的缘由。第二部分是王维真情流露写下的古诗。本文语句明白如话,故事贴近生活,拉近了学生与文本的距离,也为学生理解诗句、感悟情境、体验情感做好了铺垫。

四、课时学习目标设计

核心目标:

通过抓关键词句体会文章表达的思亲情感,初步了解并热爱传统节日的习俗。

核心概念	行为动词	行为条件	行为程度
传统节日的习俗	了解和热爱	抓关键词句体会文章表达的思亲情感	初步

↓　　　　　　↓　　　　　　↓　　　　　　↓

字词 课文、主要内容	朗读 朗读、把握	小对子互查 课文接读	熟练 正确、流利、初步
文章思乡之情	感受	创设情境、音乐渲染、抓关键词句、展开想象等	能够简单说出自己的体会
重阳节等传统节日的习俗	了解并热爱	金话筒配音活动：传统节日纪录片	能够说清楚

总结学习目标：

1.通过小对子互查、课文接读等形式，能够熟练读出字词和正确流利地朗读课文，初步把握课文主要内容。

2.通过创设情境、抓关键词句、展开想象等方法，能够简单说出对文章思乡之情的感受。

3.通过金话筒配音活动，了解并热爱重阳节等传统节日的习俗。

五、课时评价任务及标准设计

目标	任务	标准
一级目标	请小对子互相检查字词认读，并朗读全文，说一说本文写了一个什么故事。	顶呱呱：认读字词快速、正确，读文不错、不漏、不加字，不重复。 加　油：能够正确认读，不错字地读完课文。
二级目标	你从课文中的哪个自然段感受到了王维的思亲之情？找出相关词句说说自己的感受。	顶呱呱：找到两处并清楚明白地紧扣中心说出自己的感受 加　油：找出一处，简单说出自己感的受。
三级目标	借助《传统文化》中传统节日一单元，结合老师所给的介绍词，选择你最喜欢的一个传统节日给纪录片配音。	顶呱呱：有明确的一个传统节日；清楚地说出该节日的由来、习俗等；自然大方，语言清晰。 加　油：至少明确一个传统节日，简单说出该节日的习俗。

六、教学流程设计

环节	学生活动	教师引导
第一环节：读一读	1. 与老师对话，进入课堂。《九月九日忆山东兄弟》	导语：同学们，一年一度的重阳节就要来了，今天崔老师要和大家一起上一节关于重阳节的课，课题是：重阳节里话民俗。 提到重阳节，同学们想到了哪首古诗？（学生答）对呀，大家知道吗？这首古诗的背后还有一个故事呢，让我们一起走进这个故事吧。
	2. 小对子互查词语认读情况。并及时汇报检查结果。学生读文，认真倾听，做出评价。认真思考问题，并课堂交流。	首先进入预习展示环节。出示词语和活动要求。 指名学生接龙读课文，请同学们做好朗读评价，并思考：这篇文章写了一个什么故事？
第二环节：品一品	1. 学生读文、思考，做批注。小组内交流。课堂自由展示。	请同学们默读课文，思考：你从哪个自然段读出了王维的思亲之情？找出相关词句画出来并在旁边标注自己的感受。然后在小组内交流。（出示评价要求）
	2. 交流重点预设： 第一、二段：紧扣别人与自己的对比体现王维的思亲之情。抓住关键词句谈自己的感受。借助情景创设进行理解：王维看到_____，更加思念自己的亲人。	教师根据学生的交流引导提升。 第一、二段：主要抓住"离开""来到""两年了"等词语感受离家之久、离家之远。抓住"扶老携幼""兴高采烈""看着""更加"等词语感受难以抑制的思亲之情。 引读：采用创设情境的方法。

第二环节：品一品	第三段： 同学们展开想象，借助文本说说王维以前在家时会如何过节？王维和他的兄弟们常常<u>相约山间凉亭，喝着菊花酒，吟诗作赋</u>。 王维和他的兄弟们常常<u>一起品尝桂花糕，尽情赏菊</u>。 王维和他的兄弟们常常<u>登高望远，畅谈理想和心中的抱负</u>。 王维和他的父母<u>团聚在庭院，吃母亲亲手做的桂花糕，喝父亲自己酿的菊花酒</u>。	第三段： 紧扣以前与如今的对照表现王维对兄弟、亲人的思念，利用省略号引导学生展开想象，他们如今再也不能一起＿＿＿＿＿＿＿（做什么）。 原来，一句诗的背后有这么多任由我们想象的东西啊！这也告诉我们，依据古诗大意进行想象，可以让我们对古诗理解得更深刻。
	第四段： 学生揣摩诗人心情。 （激动、思念、流出眼泪等） 思绪万千 （用"思绪万千"进行说话训练） 配乐诵读古诗。	第四段： 回忆起这些，王维心中怎样？ 文章用了哪个词语？你在什么时候会思绪万千？ 此时，王维就如同你们现在的感受一样，不由地吟出了千古名篇：（配乐诵读） 老师用话语引读，指名学生诵读。
第三环节：聊一聊	1. 重阳节。 一名学生进行简单介绍。	1. 师生对话：文本学完了，同学们，通过文本你知道了哪个节日？ 你了解这个节日吗？ 其实，我们国家有很多从古代就有的、流传至今的、美好的传统节日，这些节日有着自己的由来、传说、习俗以及与之相关的名篇佳作，非常有意思，现在就让我们一起去聊一聊吧。

第三环节： 聊一聊	2. 小组推荐一名学生展示： 同学们，请大家随着我们小组走进＿＿＿＿＿（节日），这个节日在每年的＿＿＿＿＿（时间），之所以被称作节，是因为＿＿＿＿＿（由来）。传说＿＿＿＿＿（故事）。每当节日到来，人们都要＿＿＿＿＿、＿＿＿＿＿、等＿＿＿＿＿（习俗）。很多古代文人都会在这个节日里吟诗作赋，其中我喜欢的是＿＿＿＿＿（诗人）的＿＿＿＿＿（作品题目），请大家欣赏我们的展示（选择某种形式进行诗文诵读展示）。	2. 出示活动任务：小组合作，借助《传统文化》中传统节日一单元，结合老师所给的介绍词，选择你最喜欢的一个传统节日给纪录片配音。
		3. 出示评价标准，一个小组展示，其他小组进行评价。
		4. 师生共同评出优秀小组3个。
		5. 结束语： 　　传统节日是我们中华优秀传统文化中的一粒珍珠，它们散发着历史的光芒，凝聚着我国古代人民的智慧，我们要将这些优秀文化传承并发扬光大。

第五节 学期课程纲要的编制及案例

　　课程纲要是指以纲要的形式呈现某门课程的各种课程元素。所谓"学科课程纲要"，就是指学科教师依据学科课程标准和学科学材（教材）编制的某学期、某门课程，体现课程元素，指导学生"学"与教师"教"的计划纲要。撰写课程纲要，必须考虑到课程的目标、相应的课时、学生背景分析、课程组织、实施的条件、学生评价以及各方面的总体协调等情况。正因为课程纲要的制定要涉及这些方面，因此课程纲要的撰写对教师、学生以及学校而言就有多重意义。

一、撰写课程纲要的意义

　　1. 学期课程纲要是一张认知地图

　　撰写课程纲要有利于教师形成学科观或课程意识。课程纲要实际上也就是对将要实施的教学进行整体设计，思考从"一节课"走向"一门课程"的过程，有利于教师整体把握实施的课程目标与内容。

　　实践中，教师常常会犯这样一种错误，那就是非常清楚每个章节的知识点，但往往忽略了各章节之间的逻辑关系及课程的目标，从而失去了对任教学科的总体把握。这种"只见树木，不见森林"的现象易使教师忽略了学科的本质特征和目的所在。在撰写一个学期的课程纲要时，教师必须厘清本学期的课程在本课程中的地位与价值，明确本学期的课程内容与课程整体的逻辑关系，明确知识点与课程目标之间的逻辑关系，因此有利于教师把握课程的整体。反过来，在把握学科知识整体轮廓的基础上，教师更清楚单个知识点的作用与意义。

　　有了学期课程纲要这张认知地图，我们就能做到不仅知道"树木"，还能知道"树木"与"树木"的联系，知道"树木"在"森林"的哪里。课程纲要可以让我们的教学从原本的散点走向连续，解决知识碎片化的问题。

2. 学期课程纲要是一份预算表

学期课程纲要是一种规划，也是对教学实施的预期，要充分考虑各种实施条件，如课程标准的要求、学生的已有经验、教学设备与其他资源、符合认知规律的教学方式设计以及作为促进学生学习的评价等。比如课程标准，每一门学科都有课程标准，但作为指导教师教学的课程标准因其相对抽象、概括、模糊等特点，导致在实际教学过程中常常被忽略。缺少课程标准的指导，很可能造成教师所教与课标要求不一致的现象，导致最后无法实现课程总目标的严重问题。所以教师在编制课程纲要时就要对教学所需要的各种条件进行全面的审视。

如果说，教师撰写课程纲要只涉及教师个体对教学条件的审视，那么教研组对课程纲要的集体审议就是一种共同体的行动。课程纲要审议的一个重要方面就是评估课程纲要实施的可行性，并把审议的结果反馈给相关教师。这样一种个体和共同体共同进行的审议活动有助于教师进一步反思教学实施的合理性，有利于教师正视教学条件的现状。

3. 学期课程纲要是一份课程合同

随着我们对课程理解的不断深入，学生在学习中的主体地位越来越被重视。作为学习的主体，学生需要参与学习的全过程。但是在传统的教学中，学生只是被动地学，不知道自己要学什么、用什么学、怎样学，如此这般，又如何能真正做到自主学习？学期课程纲要就像是一份教师与学生之间教与学的合同，清楚地说明了师生各自的职责。

课程纲要不仅是教师的教学设计方案，同样也是指导学生学习的蓝本。对于学生来说，课程纲要描述了学习的目的地，画出了学习路线图，并且提出了学习的基本要求。因此，课程纲要也有利于学生明确本学期的课程安排，从而明确自己的学习任务，把握学习内容的逻辑框架，进而学会规划自己的学习。教师在每一学期的第一堂课就与学生分享课程纲要，让他们明确学习目标和学习内容，并安排好自己的学习进程。实践表明，这对于培养学生的认知能力，进而提高课程学习方面的成果，具有十分重要的作用。

课程纲要是一份课程合同，既是教师与学生之间的合同，也是教师和学校之间的合同，既有利于师生之间工作的开展，也有利于学校课程审议与管理的开展。

4.学期课程纲要是一种交流工具

课程纲要既是教师与学生之间的交流工具，也是教师与教师之间的交流工具。通过这种交流工具，教研组可以共享纲要并促进其质量的提升；学校课程组织可以对其质量进行审议；学生可以了解课程要求及其安排，规划自己的学习，更加明确自己将要往哪里去，将会怎么去，以及如何监控自己的学习。

总之，课程纲要的撰写不但促进了教师的专业发展，也促进了学生的学习，它不但是一种手段，也是目的。从这个意义上讲，无论对于老教师还是新教师，它都是学科教师变经验型教学为专业化教学、变非理性教学为理性教学的必然要求。

二、如何撰写课程纲要

1.课程纲要有一定的构成要素。组成课程纲要的要素包括：

（1）一般项目：学校名称、科目名称、课程类型、设计教师、日期、适用年级、课时；

（2）课程元素：课程目标、课程内容、课程实施、课程评价；

（3）所需条件：为顺利实施该课程所需要的条件。

2.课程纲要的编写有一定的要求，不但要有一定的内在逻辑顺序，还要遵循一定的格式。经过整理，大致可分为"一般信息、内容部分和整体印象"三个方面，具体见下表。

课程纲要三个结构维度

一般信息	题目；设计者姓名；单位；课程类型；教材来源；适用年级；课时与学分。
正文内容	背景；目标；内容；实施；评价；所需条件。
整体布局	整合课程标准，教材参考书以及学情，完整地说清课程教学活动设计。

3.撰写课程纲要的关键环节是处理好四个课程元素

（1）课程目标或意图陈述是构成课程内涵的第一要素，制定目标的依据是对学生的研究、对课程标准的解读以及对学材及其他资源的分析把握，具体撰写的要求有：必须全面、适当、清晰；一般用4~6点的方式来描述；涉及的目标包括三大领域与确切的认知要求和水平。

（2）总体把握学材内容的难点、重点。课程内容或活动安排要求重点明确、按从易到难的排序；涉及选择哪些内容与怎样组织这些内容或安排活动；处理好均衡与连续的关系。

（3）明确表述学习活动的组织与安排。课程实施的叙写要含有方法、组织形式、课时安排、场地、设备、班级规模等。

（4）课程评价主要是对学生学业成就的评定，涉及评定方式、记分方式、成绩来源等。课程评价应当既包括学的评价，也包括教的评价，教师要确认评价的内容与评价方式或手段。

三、撰写课程纲要的注意事项

学科教师要编制高质量的学科课程纲要，必须具备四项基本的教学素养。

一是必须回答好 3 个问题：你要把学生带到哪里去，你怎样把学生带到那里，你如何确信你已经把学生带到了那里。

二是必须具备 3 种基本教学能力：设计教学的能力、实施教学的能力、评价教学的能力。

三是必须把握 3 个前提：把握学科思想、掌握学科知识体系、明确学科课程目标。把握不好这 3 个前提，学科课程纲要的编制设计就无从谈起。

四是必须做到 3 个读懂：读懂课标和学材（教材）、读懂学生、读懂课堂。这是编制学科课程纲要基础中的基础。

一份编制质量高并被有效使用的课程纲要，能够规范教师的教，指导学生的学，并有助于师生关系的和谐，因而是一种规范教学行为、减轻不必要的学习负担、提高教与学质量的重要保证。

附件 1：小学语文二年级下学期课程纲要

课程名称：语文

课程类型：必修

教材来源：山东教育出版社

适用学生：二年级学生

学期课时：81 课时

【课程背景】

一、课程标准的分析与解读

语文课程总目标共有 10 条，前三条是情感态度价值观方面，四、五两条属于过程与方法，后面的五条都属于知识与能力。课程基本理念中说得非常清楚，我们的语文学科要全面提高学生的语文素养，即听说读写几种能力，要把握好语文学科的特点，学出"语文味"，而这种语文味道的品得主要源于学科知识与能力的习得，即让学生练一手好字、说一口普通话、写一篇好文章。

九年制义务教育阶段，为了更好地让语文的学习系统化，又把语文学习目标分了四个学段，每个学段从五个方面对目标内容进行了陈述。在进行课时教学设计和单元教学设计之前，我们语文教研组对课程标准中的学段目标与内容中的四个阶段目标进行了横向对比，通过对比，我们理出了这样的一条线：学段与学段目标呈螺旋形梯状发展，逐步深化和提高。比如：朗读课文的目标要求，第一学段为：学习用普通话正确、流利、有感情地朗读课文。第二学段为：用普通话正确、流利、有感情地朗读课文。第三、四学段为：能用普通话正确、流利、有感情地朗读课文。从行为动词上我们可以看出，每个学段的要求不同，而朗读能力的训练又是在各个学段都有所深化学习的。我们还看出，在第一学段的学习中，我们的主要任务是识字、写字与诵读，通过诵读增加识字量，积累词汇，培养良好的对语言文字的感觉，即语感，为后面的学习奠定基础。而从第二学段开始，侧重于阅读与习作的训练。同时，我们对每个学段中涉及的五大方面进行了深度挖掘，细化知识、能力训练点，通过纵向挖掘，我们得出了这样的结论：看似平行的五大方面，其实是相互融合，交叉进行的，这五个方面为识字与写字、阅读、习作、综合实践、口语表达。而五个领域中，阅读是基础，写话或者习作是目的，这就给我们语文学科提供了教学主线，即在语文教学中我们有两个核心目标：阅读和表达训练点。

接下来，我们对第一学段的学段目标和内容进行分析，这必须要结合学生的实际情况进行筛选，把学生已经学会的、掌握的和还没有学习或者掌握不够牢固的搞清楚。主要集中在三个方面：识字与写字、阅读、写话。

识字与写字：

1. 喜欢学习汉字，有主动识字、写字的愿望。

2. 认识常用汉字 1600 个左右，其中 800 个左右会写。

3. 掌握汉字的基本笔画和常用的偏旁部首，能按笔顺规则用硬笔写字，注意间架结构。初步感受汉字的形体美。

4.努力养成良好的写字习惯，写字姿势正确，书写规范、端正、整洁。

5.学会汉语拼音。能读准声母、韵母、声调和整体认读音节。能准确地拼读音节，正确书写声母、韵母和音节。认识大写字母，熟记《汉语拼音字母表》。

6.学习独立识字。能借助汉语拼音认读汉字，会用音序检字法和部首检字法查字典。

阅读：

1.喜欢阅读，感受阅读的乐趣。

2.学习用普通话正确、流利、有感情朗读课文。学习默读。

3.结合上下文和生活实际了解课文中词语的意思，在阅读中积累词语。借助读物中的图画阅读。（继续学习）

4.阅读浅近的童话、寓言、故事，向往美好的情境，关心自然和生命，对感兴趣的人物和事件有自己的感受和想法，并乐于与人交流。

5.诵读儿歌、儿童诗和浅近的古诗，展开想象，获得初步的情感体验，感受语言的优美。

6.认识课文中出现的常用标点符号。在阅读中体会句号、问号、感叹号所表达的不同语气。

7.积累自己喜欢的成语和格言警句。（继续学习）

写话：

1.对写话感兴趣，留心周围的事物，写自己想说的话。

2.在写话中乐于运用阅读和生活中学到的词语。

3.根据表达需要，学习使用逗号、句号、问号、感叹号。

二、学生情况分析

二年级下学期是第一学段的最后一个学期，担负着从第一学段向第二学段顺利过渡的任务，通过三个学期的学习，二年级的学生已经具有了初步的独立识字能力，并且能够进行简单字的读帖和书写能力，能够借助拼音或者字典正确、流利地朗读课文，能够围绕着一幅图或者一个主题写几句话，能够简单地使用逗号、句号。能够通过绘画、拍摄等手段进行综合实践活动的记录，能够写几句话进行阐述。

通过以上对课程标准和学生情况的深入分析，我们得出了二年级下学期语文学科的课程目标，一共有5条。

【课程目标】

1.借助常用的识字方法、追字源、做游戏等,通过认识 470 个汉字,提高独立识字的能力。养成良好的写字习惯,写字姿势正确,书写规范、端正、整洁。会写 330 个汉字,学习汉字间架结构,感受汉字的形体美。(识字与写字)

2.通过抓关键词句、标点符号或者关注提示语等方法,在正确、流利朗读的基础上学习有感情地朗读课文。初步学习默读,做到不指读,不出声。通过朗读和默读,结合上下文和生活实际了解课文中关键词句的意思,在阅读中积累优美词句。(阅读)

3.通过课本剧表演和角色扮演、朗读等方法学习浅近的童话、寓言,能够针对感兴趣的人物和事件说出自己的感受和想法,主动参与到师生交流中。(阅读)

4.借助泛读,模仿诵读儿童诗和浅近的古诗文,通过借助图片、抓关键词语、创设情境等方法展开想象,有自己简单的情感体验,感受语言的优美并积累语言。(阅读)

5.通过师生共写,用几句完整的话把自己对周围事物的观察及感兴趣的见闻,运用阅读和生活中学到的词语写下来,能够写想象中的事物。根据表达的需要,正确使用问号、感叹号。(口语交际、写话)

【课程内容】

我们鲁教版二年级下册的教材共有八个单元,这八个单元基本是以主题内容为原则组成的八组文本,分别是:第一组(春天里的发现)、第二组(奉献与关爱)、第三组(爱祖国、爱家乡)、第四组(用心思考、勇于创造)、第五组(热爱自然、了解自然)、第六组(培养优秀的品质)、第七组(要正确看待问题、善于思考)、第八组(走进科技世界),通过研究这八组文本,我们发现了以下问题:

1.以主题单元设计的教材不能很好地完成二年级下册既定的学习目标,容易使目标分散,学科知识不够系统。

2.每个单元中的课与课的主题过于牵强,不利于学生语文素养的提高。

3.教材的语文味缺乏,思想性较强,不利于学生语文能力的培养和提高。

为了更好地完成我们本学期的既定目标,使语文学科的知识能力训练点更加系统,我们对文本进行了大胆的调整和增加,其依据如下:

1.以阅读目标训练单元进行教材内容的编排,把二年级下册要达成的阅读目标分成几个小目标,设计单元核心目标进行训练达成,使语文知识训练系统化。

2. 以语文素养为核心进行调整及补充,有利于学生语文素养的提高。

3. 依据学生的实际学习情况和兴趣进行调整及补充。

4. 扩大了学生的课内阅读量,增加了学生对于经典文和古典传统文化的阅读。

根据以上的分析,我们得出了本学期语文学科的课程内容。

单元	核心目标	课内文本	补充文本	口语交际 写话训练点
	师生阅读本学期课程纲要 提出意见、修改完善			
1	抓关键词语、把握恰当语气,训练有感情地朗读课文,积累优美词语。	《找春天》 《笋芽儿》 《泉水》	朱自清《春》 楚迪《春雨》	体验式写话:运用优美词句写话《找春天》。
2	有感情地朗读课文,把握提示语,重点训练分角色朗读课文,体会问号、感叹号所表达的不同语气。	《小鹿的玫瑰花》 《我不是最弱小的》 《画风》 《最大的"书"》 《三个儿子》 《特别的作业》		看图写话,根据表达的需要,学习使用问号、感叹号。
3	学习默读,并在默读中展开想象,感受自然和生命的美好,对自己感兴趣的人和事有自己的感受和想法,乐于交流。	《雷雨》 《蜜蜂引路》 《动手做做看》 《邮票齿孔的故事》 《玲玲的画》		运用优美词句写话《家乡特产》。
4	通过图片或者结合上下文了解课文中词语的意思,在阅读中积累词句。	《日月潭》 《葡萄沟》 《北京亮起来了》 《画家和牧童》	《阿里山》 《家乡的柚子》	

5	通过泛读，学生模仿诵读儿童诗，展开想象，感受语言的优美。	《春的消息》《雷锋叔叔你在哪里》《要是你在野外迷了路》《看浪花》		运用积累的词句仿写儿童诗（一个小节）
6	诵读浅近的古诗文，展开想象，获得初步的情感体验并积累。	《草》《宿新市徐公店》《望庐山瀑布》《绝句》	《古月朗行》《望洞庭》《放风筝》《芦花》《乡村》	
7	阅读浅近的童话、寓言，向往美好的情境，关心自然和生命，对感兴趣的人物和事件有自己的感受和想法，并乐于与人交流。	《揠苗助长》《守株待兔》《丑小鸭》	《庖丁解牛》《铁杵磨针》《小锡兵》	
8	拓展阅读，积累自己喜欢的句段。	《数星星的孩子》《爱迪生救妈妈》《恐龙的灭绝》《阿德的梦》	《我为你骄傲》《生日礼物》《难忘的泼水节》《卡罗尔和她的小猫》《一次有趣的观察》《玩具柜台前的孩子》	

【课程实施】

1. 识字与写字

结合自己的生活经验和已有的识字方法进行自主识字，提高自主学习能力；通过小对子互教不认识的字，提高合作能力；借助看图片、猜字谜、追字源、制作生字卡片、做游戏等识字方法，解决难认字。对每个单元的生字根据结构进行归类，在归类的基础上重点学习一类字的间架结构，总结书写规律。

2. 阅读

通过集体读、分组读、领读、男女对读、配乐朗诵、分角色朗读、教师示范读、课本剧表演等多种形式，在阅读实践中将课文读正确、读流利，并通过想象、创设情境、看图片、将自己当作课文中的人物去感受、体验、思考，领会作者所要传达的情感，进而通过自己的阅读表达出来，做到有感情朗读。

3. 写话训练

以培养写话兴趣为主，要留心观察周围事物，利用阅读积累和生活中学到的优美词句进行说话，学会正确使用逗号、句号、问好和叹号。采用仿写、看图写话、体验式写话（春游、做游戏等）的形式进行师生共写。

【课程评价】

形成性评价（40%）＋终结性评价（60%）＝学期课程评价

（一）形成性评价（40%）

课堂表现＋作业表现＋阶段检测

形成性评价（40%）				
评价内容		评价要素	评价标准	评价方式
课堂表现	听	认真倾听老师、同学的发言，了解内容并思考。	根据课堂表现，通过互评，按照3分、2分、1分记录到计分表中。	小组长平时评价（小对子互评）计入对账单。
	说	复述听取内容、大胆简要地说出自己的见解，积极参与小组合作交流。		
	读	语调、语气恰当，语速合适，正确停顿，边读边思。		
	写	写字姿势端正，遵循书写规律。		
作业表现	课堂作业	作业态度，作业质量，及时纠错。	根据作业所得等级评价，按照3分、2分、1分记入计分表。	教师批阅，小组长按照等级评价计入对账单。
	写话作业	符合写话要求，语言完整，标点符号使用规范。		
	实践作业	设计符合要求，实效性强，图文结合，注重语言描述。		

阶段检测	书写认真，审题仔细，学以致用	卷面满分100分，根据等级，按照5分、3分、2分记入计分表。	纸笔测试（40分钟）教师批阅，小组长计分。

（二）终结性评价（60%）

终结性评价（60%）			
评价项目	评价要素	评价得分描述	评价方式
期末检测评价	基础字词、诗词背诵、语句积累、写话训练等	卷面满分100分	纸笔测试（60分钟）

附件2：小学数学五年级下学期课程纲要

课程名称：数学

课程类型：必修

教材来源：青岛出版社2015年1月第2版

适用年级：小学五年级下学期

学期课时：80课时

【课程背景】

本学期是小学阶段的最后一个学期，承担着学习新知和回顾整理两个任务。

在学习新知方面涉及了数学课程内容的各个方面，具体包括：百分数、比例、比例尺，属于数与代数领域；圆、圆柱和圆锥，属于图形与几何领域；扇形统计图，属于统计与概率领域；立体的截面和让校园绿起来，属于综合与实践领域。本学期将在前面学习内容的基础上，在这四大领域进一步扩展和提升，进一步提高学生解决问题、创新精神及实践能力。其中比例的意义、用百分数解决问题比较抽象，圆、圆柱和圆锥的有关计算比较困难，是本学期的难点。

在回顾整理方面，需要系统、全面地回顾整理小学阶段所学习的知识、技能和方法，构建合理、完整的知识体系，增强综合运用知识解决实际问题的能力。

对于以上两项任务，一学期的时间略显紧张。但经过前四年半的数学学习，同学们已经养成了良好的学习习惯，具备了较丰富的知识基础和感性经验，掌握了一定的学习方法，这为学习奠定了良好的基础。但仍需要克服面临毕业的浮躁情绪，多思考，多实践，才能实现我们的学习目标。

【课程目标】

1. 结合具体情境，理解百分数的意义，能用方程或算式正确地解答百分数应用题；结合具体实例，理解成数、税率、折扣与利息的意义，解决一些简单的实际问题。

2. 通过观察、操作、实验等活动，认识圆、圆柱和圆锥的特征，探索并掌握周长、面积、表面积、体积的计算方法，解决简单的实际问题，发展空间观念。

3. 结合具体情境，理解比例、正比例、反比例及比例尺的含义，能正确判断成正、反比例的量，正确地计算图上距离和实际距离，能解决一些简单的实际问题。

4. 结合具体实例认识扇形统计图，能根据具体情境正确地选用扇形统计图，正确地进行数据解释和分析。

5. 在综合应用中，加深对百分数、所学几何形体的理解，初步了解分析、研究问题的步骤与方法。

6. 结合整理复习的内容，系统整理小学段知识，体验知识交流，回顾反思和自我评价，形成良好的反思、评价和整理的学习习惯。

【课程内容】

单元	单元专题	学习内容	课时	课程内容调整说明
	开学第一课	◎分享《课程纲要》	1	◎增加：了解、规划本学期学习。

1	百分数	百分数意义	2	◎更换：将原来智慧广场的鸡兔同笼问题放到百分数学习后。 ◎增加回顾整理。 ◎把百分率调整到解决问题之后，与税率、利息一起学习。
		小数、分数、百分数转化	2	
		解决问题	4	
		◎百分率	2	
		税率和利息	3	
		◎回顾整理	2	
		智慧广场	2	
2	圆	认识圆、扇形，画圆	2	
		圆的周长	2	
		圆的面积	2	
		回顾整理	2	
3	圆柱和圆锥	认识圆柱、圆锥	2	
		圆柱表面积	2	
		圆柱体积	2	
		圆锥体积	2	
		回顾整理	2	
		立体的截面	2	

4	◎比例和比例尺	比例的意义、基本性质、解比例	3	◎整合：因为知识非常具有连续性，将比例尺与比例合为一个单元。 ●增加：合并之后，单元知识多，时间长，通过增加整理复习理顺知识。
		正比例的意义	3	
		反比例的意义	2	
		正、反比例应用	3	
		比例尺的意义	2	
		求实际距离	2	
		求图上距离	2	
		图形的放大与缩小	1	
		●回顾整理	2	
		让校园绿起来	2	
5	扇形统计图	认识扇形统计图	2	◎将统计图欣赏并入选择合适统计图一并教学。节约的课时用于实践活动。
		◎选择合适统计图、统计图欣赏	2	
6	回顾整理	数的认识	2	
		数的运算	2	
		量与计量	1	
		比与比例	1	
		式与方程	2	
		图形认识与测量	3	
		图形位置与运动	1	
		统计与概率	1	
		策略与方法	2	
		期末测试	2	

【课程实施】

1. 通过分享学期《课程纲要》，认识《课程纲要》在数学学习中的作用，学期中尝试对照《课程纲要》进行自我评价，逐步学会规划自己的学习。

2. 课本是我们重要的学习资源，通过信息窗、文字、图形、表格、对话等形式，不仅提供了丰富的素材，也包含着重要的思考方法和学习提示，所以一定要认真阅读数学课本，提高自己发现信息、提出问题的能力。

3. 养成预习的习惯，带着问题进课堂。

4. 课堂上要认真听讲，积极参与课堂活动，既要独立思考、自主探究，还要善于借助集体的力量，通过与人合作交流学习新知。

5. 多进行动手操作和实验验证，从原理上理解数学概念，感悟数学思想。

充分利用已有的知识经验，注意思考知识间的联系，通过转化、数形结合等方法，将新知变为旧知进行解决。

6. 将数学学习与实际生活紧密联系起来，从生活问题中提出数学问题，探究解决策略与方法，完成模型的构建，运用模型去解释一些现象或解决一些问题，做到举一反三，触类旁通。

【课程评价】

1. 评价项目：课堂表现 15%，作业表现 15%，知识技能 50%，实践创新 20%。

2. 结果呈现：以成绩报告单的形式呈现，分为综合学业成绩和分项学业成绩两个方面。

等级的确定：≥ 90 分为 A，75—89 分为 B，60—74 分为 C，低于 60 分为 D。

a. 学生综合学业成绩 ＝ 课堂表现 ＋ 作业表现 ＋ 知识技能 ＋ 实践创新

b. 分项学业成绩以等级来呈现：

课堂表现：按课堂表现得分，折合为百分制，定为 A、B、C、D 四个等级。

作业表现：按课堂表现得分，折合为百分制，定为 A、B、C、D 四个等级。

知识技能：知识技能得分 ＝ 平时测试 ×40%＋ 期末检测 ×60%。根据以上标准定为 A、B、C、D 四个等级。

实践创新：根据综合与实践活动表现确定等级。

3. 结果应用：不及格学生需要查漏补缺后进行补考。

第六节　小学段学科概念网的构建研究
——以小学美术学科五年级"欣赏·评述"领域为例

《普通高中课程方案（2017年版）》中指出：重视以学科大概念为核心，使课程内容结构化，促进学科核心素养的落实。基于概念的学习成为提升学生学科核心素养的重要途径，是深化当前学科教学的抓手。课程标准是国家课程的纲领性文件，是教材编写、教学、评估和考试命题的依据，也是研究学科概念的依据。在义务教育阶段学科概念不明晰的情况下，《高中美术课程标准（2017年版）》（以下简称《高中课标》）为制定义务教育阶段概念指明了方向。笔者借鉴已有研究，结合实践经验，以小学美术五年级"欣赏·评述"学习领域为例，对基于《义务教育美术课程标准（2011年版）》（以下简称《义务教育课标》）学科概念网的构建路径进行了探索。

一、学科大概念

学科概念网是以高中课标的要求为方向，以义务教育课标中各层级目标为依据，基于学科大概念、以时间为轴的概念网络，包含学段概念、学期概念和单元概念（图1）。其中，学科大概念是统整学科零散知识、通过探究、理解而体悟出的学科核心观念，具有可迁移性。因此，它难以通过一节课或一个单元而获得，需要通过长时间、循环螺旋式的学习来建构。学科大概念是概念网中的上层概念，可以通过"打通关联→提炼概念维度→依据目标概括"的路径予以概括。

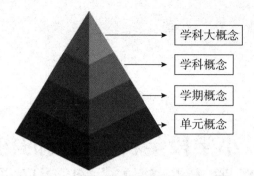

图 1　学科概念网各层次概念关系图

（一）打通关联

学生在高中阶段对概念的理解，源于义务教育阶段已铺好的一层层概念"垫脚石"。这就需要教师树立系统观，打通高中学习模块、义务教育阶段学习领域的学科核心素养的关联，建构概念在义务教育和高中阶段的纵向关联。

欣赏·评述学习领域是指学生通过对自然美、美术作品和美术现象等进行观察、描述和分析，逐步形成审美趣味和美术欣赏能力的学习领域。美术鉴赏模块是运用感知、经验和知识对美术作品和美术现象进行观察、体验、联想、鉴别与评价，获得审美经验，提高艺术品位的美术活动。图像识读是指对美术作品、图形、影像及其他视觉符号的观看、识别和解读。笔者通过分析三者内涵发现：它们在欣赏对象、欣赏过程及价值等方面高度一致，"欣赏·评述"领域和美术鉴赏模块共同指向图像识读素养，三者密切关联。以此方法，笔者打通了学习领域、学习模块与核心素养之间的关联。（图 2）

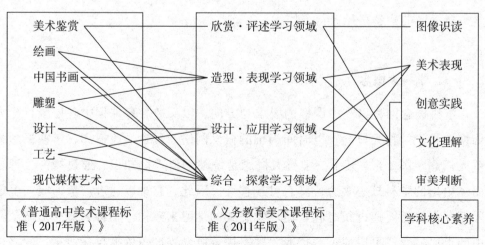

图 2　学习模块、学习领域、学科核心素养关联图

（二）提炼概念维度

概念维度是学科大概念指向的思维角度。高中各学习内容的概念维度为义务教育阶段构建学科大概念指明了方向。构建义务教育阶段"欣赏·评述"学习领域的大概念时，需要首先提炼与其关联的高中美术鉴赏内容的概念。在美术鉴赏内容的学习中，学生应持续理解的五个基本观点。第一个观点"图像诉诸视觉，是与口语、文字、声音和动作不同的交流方式。借助于图像，人们既能获得知识和信息，也能表达思想和情感"。为理解本句核心，笔者将前一句简化为"图像是交流方式"，可以看出此句指向图像本质。后一句指向图像解读价值。第二个观点"整体观念是美术活动中的重要观念，也是人们看待和处理问题最有效的观念之一"和第三个观点"因观念、形态、材料和技法等差异，图像会呈现不同的形式和风格"，共同指向图像解读过程。第四个观点"图像因为形式美原理的运用，显示出不同的审美特征和品位，给人们带来丰富的视觉感受"，也指向图像解读的价值。第五个观点"图像受不同文化的影响，包含丰富的文化信息，能反应不同时代和民族的文化特征"，指向的是图像与文化、时代、民族等的关系。通过分析，笔者提炼形成了指向美术鉴赏模块和"欣赏·评述"领域的四个概念维度：图像本质，图像解读过程，图像与文化、时代、民族等的关系，以及图像解读的价值。

（三）依据课程总目标、领域分目标概括学科大概念

《义务教育美术课程标准（2011年版）》

总目标

……

学习美术欣赏和评述的方法，提高审美能力，了解美术对文化生活和社会发展的独特作用。学生在美术学习过程中，丰富视觉、触觉和审美经验，获得对美术学习的持久兴趣，形成基本的美术素养。

"欣赏·评述"学习领域分目标

感受自然美、了解美术作品的题材、主题、形式、风格与流派，知道重要的美术家和美术作品，以及美术与生活、历史、文化的关系，初步形成审美判断能力。

学会从多角度欣赏与认识美术作品，逐步提高视觉感受、理解与评述能力，初步掌握美术欣赏的基本方法，能够在文化情境中认识美术。

提高对自然美、美术作品和美术现象的兴趣，形成健康的审美情趣，崇尚

文明，珍视优秀的民族、民间美术与文化遗产，增强民资自豪感，养成尊重世界多元文化的态度。

义务教育阶段学科大概念从四个概念维度出发，依据各层次课程目标，通过"直接提炼"和"间接提炼"两种方法概括。

1."目标直接提炼法"概括概念

将义务教育课程总目标和领域分目标链接与四个概念维度相对应后，笔者发现：

（1）"学习美术欣赏和评述的方法""感受自然美，了解美术作品的题材、主题、形式、风格与流派""学会从多角度欣赏与认识美术作品""初步掌握美术欣赏的基本方法"等，指向图像解读过程，并依据目标内涵形成第一个学科大概念"图像解读要运用基本方法、多角度全面展开"。

（2）"美术对文化生活和社会发展的独特作用""美术与生活、历史、文化的关系""在文化情境中认识美术"等，均指向图像与文化、时代、民族等的关系，并依据目标内涵形成第二个学科大概念"图像与生活、历史、文化密切关联"。

（3）"提高审美能力""丰富视觉、触觉和审美经验""初步形成审美判断能力""逐步提高视觉感受、理解与评述能力""形成健康的审美情趣""养成尊重世界多元文化的态度"等，均指向图像解读的价值，并依据目标内涵形成第三个学科大概念"用尊重的态度欣赏不同的美术作品与文化遗产，有助于形成初步的审美判断能力"。

2."相关目标间接提炼法"补充缺失概念

笔者还发现，学习目标中并没有描述"图像本质"维度的内容，这应当引起注意并予以补充和完善。义务教育课标中"四个学习领域的划分是相对的，每一学习领域各有侧重，又相互交融、紧密相关"，指向图像本质维度的概念无法从"欣赏·评述"领域目标中直接提炼，所以，笔者从其他领域中找到了相关描述——"运用各种工具、媒材进行创作，表达情感与思想，改善环境与生活"。基于以上描述，指向"图像本质"的概念可概括为：图像是表达思想与情感的媒介。

通过"目标直接提炼"和"相关目标间接提炼"的方法，笔者确定了"欣赏·评述"学习领域的四个学科大概念：图像是表达思想与情感的媒介；用尊重的态度欣赏不同的美术作品与文化遗产，有助于形成初步的审美判断能力；图像解读要运用基本方法、多角度全面展开；图像与社会生活、历史文化密切关联。

二、学段概念

学段概念是在义务教育课标学段划分的基础上，统领学段内具体知识技能、需持续理解的核心观念。学段概念在概念网中处于中层，多个内在连贯、层次递进的学段概念为理解学科大概念奠定基础，同时指明学期概念的方向。学段概念通过"概念维度结合学段目标"的方法概括。下面以第三学段为例解释说明。

《义务教育美术课程标准（2011年版）》

第三学段目标

欣赏中外优秀美术作品，了解有代表性的美术家。通过描述、分析与讨论，用简单的美术术语对美术作品的内容与形式进行分析，表达对美术作品的感受与理解。

分析学段目标与概念维度分析发现：

指向图像本质维度的相关目标为"表达对美术作品的感受与理解"，由此形成了第一个概念"图像能表达个人感受与理解"。

指向图像解读过程维度的相关目标为"描述、分析与讨论"和"表达"，由此形成第二个概念"图像解读一般要经历描述、分析与讨论、表达等过程"。

指向图像与文化、时代、民族等关系维度的相关目标未直接点明，但"对美术作品的内容与形式进行分析"包含了探寻环境、文化、社会、政治、经济等背景要素与此作品的关系，作者的个性、性格、思想、艺术观与此作品的关系等，由此形成第三个概念"图像与艺术家生活经历、社会环境、民族等有关"。

指向图像解读价值维度的相关目标为"表达对美术作品的感受与理解"，由此形成了与图像本质维度相同的概念。此外，从本学段开始出现了"了解有代表性的美术家"，可见，抱着什么态度去了解才是保障目标达成的基础，同时，为了实现学科大概念中的"用尊重的态度欣赏不同的美术作品与文化遗产"，因此，形成了第四条概念"尊重是走进艺术家的前提"。

基于以上分析，笔者构建了"欣赏·评述"学习领域概念网中的顶层设计（表1），即梳理出学科大概念和学段概念。

表1　义务教育阶段欣赏·评述领域概念网顶层设计

维度	学科大概念	学段概念		
		第一学段	第二学段	第三学段
图像本质	图像是表达感受和见解的方式。	图像是表达感受的方式。	图像是表达感受与认识的方式。	图像是表达感受与理解的方式。
图像解读过程	图像解读要运用基本方法、多角度全面展开。	图像解读需大胆表达。	图像解读可运用多种形式描述与表达。	图像解读一般要经历描述、分析与讨论、表达等过程。
图像与文化、时代、民族等的关系	图像与生活、历史、文化密切关联。	图像与生活密切关联。	图像解读程度与自我认知水平有关。	图像与艺术家生活经历、社会环境、民族等有关。
图像解读价值	用尊重的态度欣赏不同的美术作品与文化遗产，有助于形成初步的审美判断能力。	同"图像本质"维度。	同"图像本质"维度。	1.同"图像本质"维度。2.尊重是走进艺术家的前提。

三、学期概念

学期概念是统领学期内具体知识技能、需持续理解学期内的核心观念。多个内在连贯、层次递进的学期概念可以为理解学段概念奠定基础，也可以为单元概念指明方向。学期概念可通过"'四步法'细化国家课程标准——概括学期概念"的路径提炼。下面以五年级下学期为例解释说明。

（一）"四步法"细化国家课程标准

义务教育课标中的目标分学段呈现，陈述文字有高度概括性，难以直接用于指导课堂教学，因而，须对学段目标进行分解、细化，从而实现国家课程标准的校本化。细化按照"是什么、包含什么、怎么样、什么程度"的"四步法"剖析关键词，并结合学情、教材、学生的心理发展水平等展开。

按"四步法"对第三学段目标中的行为动词（欣赏、了解、描述、分析与讨论、表达）和核心概念（美术家、感受与理解）等关键词加以细化后，形成了本学期的四个目标：运用整体观察法观察作品，并能语言流畅、生动地按顺序描述作品；通过查阅资料、头脑风暴，较清晰地分析作品内容、美术语言、艺术家背景等与作品主题的关系；通过角色扮演等，初步融合作品内容、表现形式和背景等因素，表达较独立的个人观点；能用尊重的态度欣赏艺术家的作品。

（二）依据目标概括学期概念

分析概念维度与学期目标后发现：

指向图像本质维度的相关目标为"表达较独立的个人观点"，由此形成第一个概念"美术作品能表达个人观点"。

指向图像解读过程的相关目标为"观察、描述、分析、表达"等，由此形成第二个概念"整体观察法能帮助观察者有步骤、更深入地欣赏作品"和第三个概念"作品内容、美术语言、表现形式等为创作者表达观点服务"。

指向图像与时代、社会、文化等的关系维度的相关目标为"融合作品内容、表现形式和背景等因素"，由此形成了第四个概念"作品欣赏要从内容、形式、背景、主题等方面全面分析"。

指向图像解读价值维度的相关目标为"尊重的态度"，由此形成了第五个概念"尊重是对待艺术家及作品的正确态度"。

分析以上五个概念后发现第一个和第三个重复了，因此将两者合并为"美术作品借助内容、美术语言、表现形式等表达个人观点"。

通过以上分析，笔者概括了五年级下学期的四个概念：美术作品借助内容、美术语言、表现形式等表达个人观点；整体观察法能帮助观察者有步骤、更深入地欣赏作品；作品欣赏要从内容、形式、背景、主题等方面全面分析；尊重是对待艺术家及作品的正确态度。

四、单元概念

为了培养学生的核心素养，"一课一得式"的学习方式已难以让学生对概念有深入的理解，主题单元式学习成为落实核心素养的重要途径。从概念层级看，学期概念的层级依然靠上，难以落实到课堂教学。对此，应进一步构建单元概念。

单元概念是统领单元内具体知识技能、需持续理解的核心观念，是概念网中最下层的概念。多个内在连贯、层次递进的单元概念为理解学期概念作铺垫。将学期概念与学情结合起来，可梳理出单元概念。下面以五年级下学期"《清明上河图》解析"单元为例作一阐述。

单元学情分析以问卷调查的方式展开，主要从三个维度调查七个问题。学情分析的结果将作为形成单元概念的重要依据（图3至图9）。

（1）请说出你知道的作品或艺术家名称。　　　　（2）你从哪里知道这些作品？
▨10个以上　▥10–8　▤8–6　▦6–4　▧4–2　▨2–1　▤不知道　　　▤书本　▥画展　▦电视或网络　▧其他

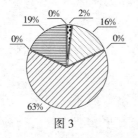

图3

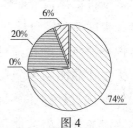

图4

通过分析指向"学生美术作品储备已有经验"的问题（1）和（2）的调查结果可知：学生已有知识很少，知道1–2个艺术家或艺术作品的占绝大多数，且直接欣赏作品的机会几乎没有。在这种情况下，教师要尽可能多的提供欣赏优秀作品的机会。

（3）你认为应该怎样欣赏美术作品？　　　　　（4）你会采用什么方法欣赏？
▨基本信息　▥观察　▤画面内容　▤表现方法　　　▤画展　▥画一画　▦网上搜索　▤书　▨老师讲
▤情感　▥美观好看　▤不知道

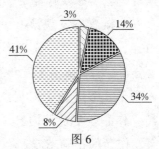

图5　　　　　　　　　　图6

通过分析指向"欣赏内容和方法"的问题（3）和（4）的调查结果可知：大部分学生已经知道欣赏作品要仔细观察，但尚不明白应该如何欣赏，又可以从哪些角度欣赏，欣赏方法较单一。

（5）你知道作品《清明上河图》吗？　　　　　（6）请你说一说作品描绘的内容。
▧知道　▤不知道　　　　　　　　　　　　　▨局部内容　▧整体描述　▤不知道

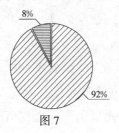

图7

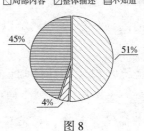

图8

（7）请说出你知道的作品或艺术家名称。

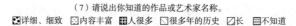
詳细、细致　内容丰富　人很多　很多年的历史　长　不知道

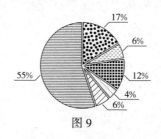

图9

通过分析指向"《清明上河图》已有经验"的问题（5）、（6）和（7）的调查结果可知：学生对该作品的已有经验非常少，并且，仅有的经验来自语文课文中的《一幅名扬中外的画》。

基于以上学情分析,笔者将第一个学期概念"整体观察法能帮助观者有步骤、更深入地欣赏作品"的程度调低，改成"整体观察法能帮助观者有步骤、较深入地欣赏作品"，同时，将第四个学期概念"尊重是对待艺术家及作品的正确态度"移至其他单元。经以上调整，形成了本单元的三个概念：美术作品借助内容、美术语言、表现形式等表达个人观点；整体观察法能帮助观察者有步骤、较深入地欣赏作品；作品欣赏要从内容、形式、背景、主题等方面全面分析。

基于概念的学习对课程设计具有重大意义，主要表现在三个方面：一是因为概念具有高度概括性，所以，基于概念的学习无法通过简单的讲授完成，这就促使教师要改变灌输式、讲授式的课堂教学，树立"教学活动是给学生搭建平台、捕捉感悟概念的机会"的理念。二是因为概念属于核心观念，所以，基于概念的学习是学生在体验、反思与总结中，经历真实性学习后形成学科价值观念的过程，因而它是培养学生核心素养最有效的策略之一。三是基于概念的学习难以通过"一课一得"完成，因此，需要教师要打破课时的局限，采取单元设计策略，通过单元概念设计大任务、铺设大情境、开展大活动，为学生进行概念学习创造机会。

基于概念的学习引发教师的教学理念发生根本变化，主要表现在四个方面：

（1）与指向零碎知识点学习不同的是，基于概念的学习内容指向整体的学科框架体系构建。

（2）与讲授、灌输式学习方式不同的是，基于概念的学习策略更多采用体验参与、合作探究等能引发深度学习的方式。

（3）与以知识、技能为主的学习目标不同的是，基于概念的学习目标是以

"培养什么样的人"为出发点和落脚点，指向完整的人的培养。

（4）与点状思维模式不同的是，基于概念的学习重在培养师生的系统观、全局观和目标导向观等思维模式。

第七节　基于大概念的单元教学设计及案例

一、什么是大概念单元教学

课程单元是教学的基本单位，注重学习的建构性与完满性。一般说来，其时间范围介于学期与课时之间。单元教学能够打破个别知识点之间的壁垒，为学生的探究创造更大的时空，有利于学生从整体上把握学习内容，深入理解知识之间的联系，形成体系更加完整、结构更加坚固的知识结构以及解决问题的能力。

大概念单元教学是以大概念为统领，以探究为学习方式，以获得深层次的概念性理解为目标的三维课程与教学模式。

大概念是帮助学生组织和建构工作与经验的透镜，是统一而又有效理解的基础，它使得众多的信息和片段技能变得富有意义，它是单元设计的灵魂。整个单元内容要以大概念为统领来建构，它处于单元的核心。但大概念一般是抽象、不明显的有时甚至是违反直觉、容易引起误解的，它不能通过讲授来获得，必须要通过深入探究去揭示。所以，探究是大概念单元教学的主要方式。

传统的课程设计往往从知识与技能两个方面界定教学目标，注重知识的传授和技能的习得，并没有明确提出概念性理解方面的要求。这种模式被称为二维模式，它会导致课程设计中产生"一英寸的深度，一英里的宽度"现象。三维模式则是在二维的基础上，增加了第三个维度：概念性理解，将事实与技能的要求和概念性理解清晰地区分开来，用概念性知识把事实性知识有效地组织起来，这样就构成了一个立体的三维模式。在三维模式中，知识、技能不再是教学的终极目标，而是获得概念性理解的工具。

二、为什么要进行大概念单元教学

1. 大概念单元教学有利于对学科的整体把握，形成学科观念

随着科技的进步和信息时代的到来，知识的容量正在以几何级数迅速倍增，在有限的教学时间内不可能覆盖所有的知识内容。这就需要寻找一个具有统领性的概念来组织这些零碎的知识和技能。而大概念就具有这样的统领作用。它基于学科的基本结构和方法，指向具体知识背后的核心内容，是一个学科领域中最精华的、最有价值的部分，数量不多的大概念架构了一个学科的整体框架。教学中，应该选取那些最能阐明每个学科重要概念和概念性理解的内容。学生对于大概念的理解和运用让学生把握了该学科的基本结构和关键脉络，从整体上把握学科，形成富有迁移性的学科观念，让学生的学习不再聚焦于零散的知识和技能，有效避免了"只见树木，不见森林"的内容覆盖式学习。

2. 有利于引发协同思考，发展思维能力

协同思考是大概念教学的核心。大概念需要知识与技能来支撑。但大概念具有抽象性，它需要通过概念性视角思考技能和事实性知识，并从技能和事实性实例中得出概括性陈述（可迁移的概念性理解）。但这个过程不是一蹴而就的，而是不断地在事实性知识和概念性理解之间循环往复。这就是协同思考。协同思考需要个人退后一步，用更为批判性的、更为宽泛的视角去观察问题，深思熟虑地到达有论据支撑的概念性理解，让学生思考得更深入、更全面，更富有创造性。

3. 有利于确定内容的优先次序，保证课程的相关性

为了明确教学重点，我们需要选择合适的内容。学科大概念可以帮助我们确定教学的优先次序，架构学科知识框架，可以用三个嵌套的椭圆形来描述。最大的椭圆范围内表示学生应该熟悉的知识；中间的椭圆形中表示需要掌握和完成的重要内容；最里面的椭圆内表示指向单元或课程的大概念和核心任务。通过使用这个框架，可以帮助我们根据大概念和核心任务来选择内容，避免把多余的内容包括进来。

4. 有利于培养解决实际问题的能力，提升学科素养

大概念教学要求密切联系生活实际，在真实问题中解决实际问题。教师通过相互关联的基本问题的提出来形成大概念，学生在大概念的形成中解决真实情境中的问题。在此过程中，学习者显现出了有效的学习动机和意识。因为学习者必须亲身去了解问题发生的真实情境与条件并最终建立问题图式。这样也

使得问题解决过程中建构的知识更容易被理解，也更容易得以长久的保留。

三、如何进行基于大概念的单元教学设计

基于大概念的单元教学设计分为三个阶段：明确预期学习结果——确定恰当评估办法——规划相关教学过程，是一种逆向设计过程。他们认为成效最高的教学在开始时就明确学习结果，并且还要有学习真实发生的证据、优质的设计即逆向设计。

（一）明确预期学习结果

Ubd 理论认为：当教师的教学旨在使学习者理解可迁移的概念和过程，给其提供更多机会将理解的内容应用到有意义（即真实情境）的情境时，才更可能获得长期的成就。他们认为知识、技能是短期目标，而理解和迁移才是长期目标。人们获得理解后，就可以应用知识和技能建立联系、探索不同角度并将先前所学应用到新的情境中。长期目标比短期目标更重要。所以，大概念单元教学设计的预期学习结果有四部分构成：迁移目标（学习迁移）、理解目标（持久理解）、知识目标和技能目标。

1. 确定单元大概念

大概念是单元的核心。所以在确定预期结果前，首先要提炼本单元的大概念。具体方法已在上面做过介绍。

2. 确定迁移目标

迁移目标是指能够独立地将所学用到新情境中。迁移目标有以下几个显著特征：

（1）要求应用（不只是简单地识别和回忆）。

（2）在新的情境中应用（而不是前面讲过或遇到过的情境；也就是说，这些任务不能仅通过死记硬背就能完成）。

（3）需要自我判断这里要应用哪些已学知识；也就是，要运用一些策略性思考方式（不只是不加以思考地使用技能和事实性知识）。

（4）学习者必须自主应用所学（完全自主，没有指导或教师的帮助）。

（5）学习者必须把思考的习惯（例如，准确的判断、坚持和自我管理）和学术理解及知识技能相结合，设计和调整任务，满足不同受众。

3. 确定持久理解

持久理解是基于大概念而做的特定推论，有着超越课堂教学的持久价值。

它具有以下特点：

（1）以简洁有效的方式反映"基本思想"。

（2）在不同情境、场所、时间实现迁移。

（3）必须通过质疑和推论"获得"，然后重新思考。

（4）经历真实情境任务的准确评估。

理解意义是实现学习迁移的前提。可以通过思考下面的问题确立理解目标：如果这是要学的知识，那么你想要学生学完之后对此获得什么样的理解呢？如果这是要掌握的技能，那么获得什么样的理解才能使学生更好地应用呢？

4.确定基本问题

基本问题是重要的、处于事物核心的问题。核心问题具有以下特点：

（1）对重要内容的核心观点产生真实而又相关的质疑。

（2）激发深度思考、激烈讨论、持续性质疑以及更多新的理解性问题。

（3）需要学生权衡证据，做出选择，支持各自的观点，并证明彼此的结论。

（4）促进对核心观点、假设和优先课程做出重要的持续性反思。

（5）同先前知识和个人经验建立有意义的关联。

（6）自然而然地重复出现，为迁移到其他情境而创造机会。

5.所需知识与技能

Ubd 理论认为，知识和技能是获得深入持久理解以及学会迁移的工具。学习这些知识和技能的根本目的是理解意义和学习迁移。所以要避免出现对促进理解毫无用处的知识和技能，并且要切合本单元主题，整体上不会觉得不连贯或很唐突。

（二）确定恰当评估办法

与传统教学设计不同，逆向教学设计不是在目标设计好后直接考虑教学活动，而是像评估员那样思考下面的问题：

1.有什么证据能表明学生已经达到了预期结果？

2.什么样的评估任务或证据能够抛锚于单元中，从而指导我们的教学？

3.为了确定学生的理解程度，我们需要获得什么样的证据？

对于知识与技能目标，我们可以使用书面测试、口头提问、技能操作、简单演示等比较传统的评估方式。但对于理解目标和迁移目标，仅仅这些传统的评估方式是远远不够的，这时就需要进行表现性评价。表现性评价将知识与技能包含在一种形式中，这种形式能够反映学生知道什么，以及利用他们知道的可以做什么。一个高质量的表现性评价包含以下特征：

1. 针对知道、理解和做的学习目标

2. 真实可信并依据具体的情境

3. 按照明确的标准进行评估

4. 可以提供学生选择

GRASPS 这些元素描述了真实评估的特征，能够很好地协助我们创建表现性任务。每一个字母对应一个任务元素：目标 (Goal)、角色 (Role)、对象 (Audience)、情境 (Situation)、表现或产品 (Performance/Product) 和标准 (Standards)。我们可以根据每个要素的提示进行思考和设计。

理解的表现形式有多种，可以从解释、释义、应用、洞察、移情、自知六个维度来揭示。这些维度被认为是六个有帮助的透镜或指示器，来帮助人们认识理解是如何在行动中被揭示的。因此，它们也为评估确定学生的理解扩展了思路，我们可以从不同的维度设计合适的评价任务。

（三）规划相关教学过程

由于大概念是抽象和不明显的，不能通过讲授来直接获得，所以大概念教学主要通过问题来引导学生去探究和揭示，是一种问题导向式的教学。Wiggins & Mctighe 提出了教学活动设计的 WHERETO 关键原则，认为一个好的教学计划应该体现一下元素：

W——确保学生了解所学单元的目标及原因。

H——从一开始就吸引学生并保持他们的注意力。

E——为学生提供必要的经验、工具、知识等来实现表现目标。

R——为学生提供大量机会来重新思考大概念，反思进展并修改自己的设计工作。

E——为学生评估进展和自我评估提供机会。

T——因人而异，反映个体的天赋、兴趣、风格与需求。

O——合理组织，以使学生获得深刻理解。

所以，一个好的教学设计必须与预期结果和评估办法相一致，能够为学生提供充分的经验和挑战，全面实现预期结果和有效迁移。

由此可知，优秀的教学设计首先要有清晰的学习目标。不仅教师自己清楚地表达教学目标，而且学生也必须要明确他们的学习目标，知道本单元最重要的学习内容是什么、在课程结束时需要掌握的关键问题和具体表现是什么。然后通过教学前测，找准学习的起点，根据学生的特点，设计学生感兴趣的、真实的、富有挑战性的学习活动，让学生在问题的引导下进行探索和体验，引导学生在事实性知识、技能和概念性理解之间协同思考，通过反思和重新考虑，不断修改已有想法，逐渐理解大概念。元认知是"关于认知的认知"，是认知活动的核心，直接影响着人们独立解决问题的能力。元认知不是先天就有的，需要融入各学科中进行培养，而及时的反馈就是培养元认知的很好方法。所以，在教学过程中，教师还要像教练一样，不断给学生提供不熟悉的问题，让学生独立思考题目的类型是什么，应该选择什么方法，该借助何种工具等问题，并予以及时反馈，不断提高学生自我提示、自我监控、自我评估和自我调整的能力。另外还要注意差异化教学。由于不同学生有不同的需要。所以，教学设计还要有选择性，允许学生根据自己的兴趣、专长在学习内容、方法、作品等方面进行选择，但最终需要学生掌握的概念性理解目标不能改变。

四、大概念单元教学给学生带来什么变化？

1. 从碎片化学习转变为体系式学习

大概念单元教学把零散的知识、技能联结起来。所以，大概念单元教学指向的是整体学科框架体系构建，形成的是对学科的深入理解和核心观点，重在培养学生的系统观、全局观等思维方式，会随着时间的推移不断加深理解和迁移，更加有利于培养学生的学科核心素养。

2. 从机械式学习转变为综合化学习

大概念单元教学更加注重基于真实问题的大任务、大问题、大情境，更多采用体验参与、合作探究等能引发深度学习的方式，在这样的学习中，学习不再是枯燥、乏味的被动接受，而成为真正激发内在兴趣的真实需要，在问题的引领下，综合运用所学知识去解决实际问题，在此过程中，体验到知识之间的联系、知识与社会的联系，生成终身有用的能力。

3. 从平面式学习转变为深度式学习

大概念单元教学不是让学生习得知识，更重要的是形成深刻的理解和有效的迁移。而这些理解目标的达成，需要学生不断地深入思考知识背后的意义和价值，持续思考过程的方法和策略，不断地进行推论、验证和概括，它依靠的是学生的深度思考和高阶思维方式，促进了学生的深度学习，提升了学生的思维品质。

附件 1：以小学语文五年级上学期"狼王争霸"为例的单元教学设计

学科领域：语文"口语交际"

适用年级：五年级上学期

单元课时：6 课时

一、单元概念的确定

1."口语交际"概念网

领域概念	第三学段概念	学期概念
1.口语交际是运用口头语言和适当的交际手段传递信息和交流感情的一种言语活动。	1.口语交际中有效的发言才能促进相互交流。	1.口语交际中有效的发言才能促进相互交流。
2.口语交际有利于我们处理好自我与他人的关系。	2.积极回应能表现出对发言者的尊重和理解。	2.积极回应能表现出对发言者的尊重和理解。 3.有效发言必须关注听者的反应。
3.多种感官都参与到活动中来，是切实提高口语表达能力的有效途径。	3.有效发言必须关注听者的反应。	

2.教材分析

部编版语文五年级上册"口语交际"安排

单元主题	单元内容	语文要素	交际主题
交际主题	《白鹭》《落花生》《桂花雨》《珍珠鸟》	1.发言时要控制时间。 2.讨论后做小结，既总结大家的共同意见，也说明不同意见。(讨论总结)	制定班级公约

交际主题	《猎人海力布》《牛郎织女（一）》《牛郎织女（二）》	讲故事的时候，可以适当丰富故事的细节，也可以配上相应的动作和表情。（会讲故事）	讲民间故事
舐犊之情	《慈母情深》《父爱之舟》《精彩极了和糟糕透了》	1. 选择恰当的材料支持自己的观点。2. 尊重别人的观点，对别人的发言给予积极回应。（理由充分，积极回应）	父母之爱
读书明智	《古人谈读书》《忆读书》《我的长生果》	1. 分条讲述，把理由说清楚。2. 听人说话能抓住重点。（有逻辑性地发言，抓重点倾听）	我喜爱的文学形象："狼王争霸"赛

部编版五年级上册第8单元"读书明智"后面的口语交际板块，要求"介绍自己喜欢的文学形象"，我们借助这个话题，聚焦"狼"这一形象，以期在交流时能引起大家的共鸣。

"狼"形象在文学中一直具有重要的意义。从二十世纪末开始，随着生态环境破坏的加剧，当代小说中掀起一股文学"狼"潮，出现了大量的与狼有关的文学作品，这为学生的探究性学习提供了丰富的资料。同时，也为本单元后面的习作"推荐一本书"打好了基础。

3. 学情分析

首先，学生对演讲内容是有兴趣的。在暑假推荐书目中，很多学生选了沈石溪的《狼王梦》阅读，在读后感中很多同学都谈到对狼的忠诚、团结、坚毅、付出、母爱等精神的佩服，对探究狼文化有很浓的兴趣。

但是，学生目前的演讲能力还比较弱。虽然在小学五年级的语文教学指标中，对学生的表达能力和演说能力做出了明确规范，引导学生初步感受演讲的魅力。但实际上，学生真正参加过的演讲非常少，在我们班只有两名同学参加过级部组织的"我喜欢的一本课外书"小型演讲比赛，演讲稿还是家长帮忙整理的。所以课程开展过程中，需要创设学生感兴趣的情境，让学生产生演讲的兴趣，需要要一点一点地引导学生撰写演讲稿，一步一步地练习如何演讲。

　　4.根据以上分析，确定了本单元的概念：有逻辑性和事实让演说更精彩。

二、单元设计

阶段一：明确预期学习结果	
学习迁移	
学生能自主地将所学运用到…… 1.在演说中，有逻辑性地表达自己的观点。 2.用充分的事实论据让自己的演说更有说服力。	
理解意义	
深入持久理解 学生将会理解…… 有逻辑性和事实让演说更精彩。	核心问题 　　学生将不断地思考…… 1.怎样的演说内容更有说服力？（内容） 2.有哪些技巧让演说更精彩？（技巧）
掌握知能	
学生该掌握的知识是…… 1.知道演说主题的相关资源——关于"狼"的文学作品及相关的狼文化。 2.知道围绕主题演说的技巧——观点明确、理由充分、逻辑性强。	学生应形成的技能是…… 1.能围绕演说主题搜集整理资料，撰写演说稿。 2.能围绕主题进行演说。
阶段二：确定恰当评估办法	

目标代码	评估的标准	评价任务

所有学习迁移的目标	指向任务1： 1. 能明确说出自己心目中"狼王"的形象特点。 2. 能清楚自己的理由。 3. 说服力强。	真实情境任务： 将用哪些表现说明学生实现了理解…… 　　1. "狼王"争霸赛 　　开展"狼王争霸"演说比赛，用喜欢的方式向别人推荐自己最佩服的一只狼，并能用充足的理由说服别人，让自己心目中的狼成为"狼王"。 其他评估 　　2. 演讲内容大搜索——走近狼的世界 　　要想参加"狼王争霸赛"，我们需要对狼有充分的了解。 我们需要完成以下四项任务： （1）阅读"狼"作品 （2）讲述"狼"故事。 （3）探究"狼文化"。 （4）撰写"我心中的狼王"演说稿。
所有理解的目标	指向任务2： （1）作品阅读丰富，能说出主要内容。 （2）能生动地讲述印象最深的狼故事。 （3）能用事例说明"狼道精神"对人类的影响。 （4）能独立撰写演说稿，做到观点明确，论据充分。	
所有知识和技能目标	指向任务3： （1）两分钟演说展示要做到声音响亮，语言通顺，姿态大方。 （2）观点明确、理由充分、表达清楚、积极发言、纪律文明。	3. 演讲技巧大比拼——紫岚母爱之我见 　　要想让自己心目中的狼成为"狼王"，你的发言非常重要，你是否自信大方，是否能充分说明你的理由，将直接影响"狼王"的形象。我们需要完成以下任务： （1）每天课前随机抽取同学进行两分钟演说展示。 （2）"紫岚母爱之我见"演说PK赛 　　以《狼王梦》中的母狼紫岚为例，开展"紫岚母爱之我见"的演说PK赛，练习如何让自己的演说更有说服力。 我们将评选"最佳发言人"和"优胜战队"。

	阶段三：规划相关的教学过程
目标代码	前测 　　新学期开始进行新班级班委竞选演讲活动，提前公示岗位，每人准备一分钟的竞聘演讲，要求说清楚自己要竞聘的岗位是什么？自己的竞聘优势是什么？竞聘成功后会如何做？脱稿演讲。对每个同学的口语交际能力进行评估。 前测评估单： <table><tr><td></td><td>演讲内容</td><td>演讲效果</td></tr><tr><td>评价</td><td>观点明确 理由充分 措施有力</td><td>声音响亮 自然大方 说服力强</td></tr><tr><td>星级</td><td></td><td></td></tr><tr><td>人数</td><td></td><td></td></tr><tr><td>结论</td><td></td><td></td></tr></table>
掌握知能（A）	教学活动 　　学生的学习迁移、理解意义和掌握知识技能取决于…… 　　在单元之初，首先将情景任务呈现给学生，让学生了解这个单元的评估任务及标准，既明确单元学习目标，也激发学习兴趣。 　　同学们，"狼"形象在文学中一直具有重要的意义。从二十世纪末开始，随着生态环境破坏的加剧，人民逐渐认识到一些濒危动物引起的问题，当代小说中掀起一股文学"狼"潮，出现了大量的与狼有关的文学作品。狼的忠诚、团结、坚毅、付出、母爱等精神很让人敬佩。每一个读者都有一只自己心目中的"狼王"。 　　我们将开展一次主题为"狼王争霸"赛，都来说一说自己对文学作品中的狼形象的感受，并能用充足的理由支撑自己的观点，说服别人，让自己心目中的狼成为"狼王"。 　　整个单元主要开展三个大的探究活动： 　　活动一：演讲内容大搜索——走近狼的世界（2课时连堂，详细设计见附件1-1） 　　1.晒"狼"作品。自主选择阅读"狼"主题的文学作品。 　　2.讲"狼"故事。小组内讲述狼故事。 　　3.探"狼文化"。小组合作制作"狼道精神"思维导图。 　　4.写演说稿。撰写"我心中的狼王"演说稿。

理解 意义 （M） 学习 迁移 （T）	活动二：演讲技巧大 PK——紫岚母爱之我见（2 课时连堂，详细设计见附件 1-2） 1. 每天微演讲 每天利用课前 2 分钟随机抽取同学演说，可以选择以下话题：说说自己的阅读感受、最喜欢的名言以及这句名言给自己的启发；班委同学进行工作汇报、点评；介绍学习方法等。 2. "紫岚母爱之我见"演说 PK 赛 以《狼王梦》中的母狼紫岚为例，开展"紫岚母爱之我见"的演说 PK 赛，明确如何让自己的演说更有说服力。评选"最佳发言人"和"优胜战队"。 活动三："狼王争霸"大展示（2 课时连堂，详细设计见附件 1-3） 1. 争当代言人 进行代言人竞选，说清自己想为谁代言，为什么要为它代言，自己当代言人有什么优势等。举手表决确定代言人。 2. 集体智慧大碰撞 每个战队商量从哪几方面介绍狼王，制作出思维导图，进行发言分工，并进行演说练习 3. 狼王争霸赛 每个战队选择最适合自己的方法将自己心目中的狼王推荐给大家，随机抽取同学对推荐者做出评价。用举牌投票的方式进行"霸王狼"评选。

附件 1-1："狼王争霸"单元第 1-2 课时教学设计

课 题	走近狼的世界
持 久 性 理 解	有逻辑性和事实让演说更精彩。
核 心 问 题	在演说时，什么样的内容更有说服力？

掌握知能	1. 知道围绕观点演说的内容要求——观点明确、理由充分、逻辑性强。 2. 能围绕演说观点搜集整理事例论据。 3. 能围绕观点撰写演说稿。		
情境任务	要想参加"狼王争霸赛"，我们需要对狼有充分的了解。请大家自主选择阅读关于"狼"的文学作品，了解主要内容，体会狼的形象特点。我们需要完成以下三项任务： （1）搜集资料，了解狼。仔细阅读关于"狼"的文学作品，了解形形色色的狼故事；利用采访、调查、书籍、网络等渠道了解"狼文化"。 （2）制作思维导图，感受狼。用思维导图的形式多角度感受文学作品中的狼形象。 （3）观点明确，书写狼。撰写"我心中的狼王"演讲稿。		
评价标准		优秀	良好	加油
	了解狼形象	阅读至少三本关于狼的文学作品，对内容非常熟悉；能充分搜集整理"狼文化"资料，用事例说明"狼道精神"对人类的影响。	阅读至少两本关于狼的文学作品，能说出主要内容；能搜集整理狼文化资料，能简单说出"狼道精神"。	只阅读了一本狼的文学作品，能简单说出主要内容，对狼文化还不了解。
	感受狼文化	能熟练运用思维导图，从三个以上角度感受狼形象。	能运用思维导图，从两个以上角度感受狼形象。	只能从一个角度感受狼形象。
	撰写演讲稿	能独立撰写演讲稿，做到观点明确，论据充分。	能在老师和同学帮助下完成演讲稿，做到观点明确，有论据证明。	还不能撰写演讲稿。

课时活动设计

一、导入新课，明确目的

同学们，狼是群居动物，在狼群中，总有一头异常凶悍又异常智慧的狼王作为首领，这只狼王往往就是这些"狼精神"的代表。这段时间我们一直在阅读"狼"主题的作品，主要的目的是为后面咱们要举行的"狼王争霸赛"做准备。到时候大家可以各显神通，把自己心目中的狼王介绍给大家，哪个小组的演说更让人信服，让大家觉得他讲的这只狼真厉害，真不愧是狼王，那他就获胜了。

二、"狼"文化大交流

1. 晒"狼"作品

师：你都读过哪些关于狼的作品呢？请在四人小组内说一说自己读了什么作品？讲了什么内容？比一比谁读的多。

根据学生的发言，再适当补充推荐：如《母爱的较量》（肖满）、《狼行成双》（邓一光）、《狼道》（王宇）、《狼图腾》《小狼小狼》（姜戎）、《怀念狼》（贾平凹）、《野性的呼唤》（杰克·伦敦）、《狼王梦》（沈石溪）等。

2. 讲"狼"故事

每组推荐一个同学讲述自己印象最深的狼故事。

3. 探"狼文化"

课件补充资料：说到狼的精神，现在很多著名的企业都用狼的精神当成自己的企业文化。用狼的精神来激励自己的员工。比如：华为，如今中国手机市场的老大。更牛的是华为员工的高工资、高福利。华为有18万员工，员工平均年薪超过60万元，有1万人以上年薪超过百万。有人认为：华为是中国企业"狼性文化"的缔造者，狼性文化贯彻华为成长的全过程。其最注重的就是竞争，业绩大于一切。每个员工，不管他在哪个级别岗位，能者居之，不行就被淘汰，谁也别想混日子。凭借着适者生存，弱者淘汰的狼文化，华为已经成为世界排名第一的通信网络设备运营商。所以说，狼精神很值得我们探究。

下面以小组为单位，相互交流一下你了解到的狼精神还有哪些？

根据学生发言板书：团结协作、忍耐力强、机智主动、自我奉献等。

以小组为单位，围绕"狼道精神"绘制思维导图。

三、合作探究：演讲内容怎样写？

刚才同学们讲了自己心中的狼王的故事，也讲了自己认识到的狼道精神，这都为我们的演说提供了丰富的资料。那我们思考这样一个问题：要想把自己心中的狼王讲得让大家信服，演说的内容非常关键。怎样的内容才会让大家更信服呢？请大家来看下面两个同学的演说稿，思考：他们的观点分别是什么？分别是怎样来证明自己的观点的？谁的演说内容更让人信服？

<table>
<tr><td>课时活动设计</td><td>

第一篇：　　　　　　　　我心中的狼王

敬爱的老师、亲爱的同学们：

大家好！今天我想谈一谈我心中的狼王。

她，在丈夫死后仍不屈不挠地完成丈夫的遗愿，尽管她的丈夫没有要求她。她在两个儿子死后，仍不怕艰苦地培养第三个懦弱的儿子。她用那惊人的毅力，完成了一件件人都很难做到的事情。

她就是紫岚，一匹母狼，一位坚强的母亲。三个儿子在紫岚心中都是狼王，她一心想培养出狼王的梦想打动了我，我为之震撼，为之感动！

爱和梦想支撑着紫岚，她才不断从失子的悲痛中挣脱出来，培育下一个"狼王"。爱和梦想越来越大，渐渐地变成了一种渴望，一种野心，使紫岚为此付出一切。

紫岚是一匹狼，但又是一个母亲，一个坚持追寻梦想、可亲可敬的母亲，在我心中，她就是狼王！

第二篇：　　　　　　　　我心中的狼王

敬爱的老师、亲爱的同学们：

大家好！我最近读了一本书叫《狼王梦》，讲的是一匹母狼费尽心思想让自己的孩子当上狼王的故事，这匹母狼叫紫岚，她就是我心中的狼王。

紫岚是一个为了自己的梦想一直在努力坚持的狼王。她为了培养儿子成为狼王，付出了一生的努力与拼搏，她的第一个狼儿——黑仔，成为狼儿中最有希望的一个，却因为一时的疏忽，成了金雕的果腹之食；紫岚悲痛万分，但她很快又振作起来，培养它的第二个狼儿——蓝魂儿。蓝魂儿英勇凶猛，震惊狼群，却没想到中了猎人的圈套；紫岚把所有的希望寄托在了最后一个儿子双毛身上，可它却因为自卑、胆怯，让自己走上了黄泉之路。它们的死让紫岚悲痛欲绝，但她一直没有放弃，又把希望寄托在狼孙身上。这样的努力坚持怎能不让人佩服？

紫岚还是一个勇敢机智的狼王。在她快要分娩的时候，为了给狼崽有充足的乳汁喝，她带着狼崽们去养鹿场偷袭鹿。可人类毕竟是人类，实在精明，养鹿场还有大白狗，有让所有食肉动物心惊胆战的猎枪。紫岚去偷袭鹿场，在我们看来简直就是去送死。可是紫岚却靠着自己的勇敢机智成功地从母鹿怀里叼走一只鹿崽。当担任警戒的大公鹿意识到自己上当受骗了，刚要发出警报的吼叫，紫岚却利用这极其宝贵的几秒钟的空隙，叼着鹿崽跃出了栅栏。惊醒的鹿群、大白狗的狂吠、猎枪的轰鸣划破了草原的宁静，可已经迟了，紫岚已经逃出了郎帕寨的地界。

母爱的力量让紫岚这匹母狼更加勇敢机智，也让她成了我心中的狼王。

1. 两名学生朗读

2. 小组讨论交流

3. 总结板书：　　　　　　让人信服

观点明确、多角度阐述（2—3个）、事实论据
</td></tr>
</table>

课时活动设计	四、撰写演说稿 要求能从多个角度，分别选用合适的、生动的事例，写出自己心目中的狼王。 1. 学生独立撰写。 2. 小组就内容和语言进行讨论交流，提修改意见。 3. 学生再修改，直到定稿。

附件 1—2：　　　"狼王争霸"单元第 3—4 课时教学设计

课题	紫岚母爱之我见		课时	2 课时
持久性理解	有逻辑性和事实让演说更精彩。			
核心问题	什么样的技巧可以让我们的演说更有说服力？			
掌握知能	知道围绕观点演说的技巧——观点明确、理由充分、表达清楚。 能围绕观点选择合适的事例论据。 能围绕观点进行演说。			
情境任务	同学们，这段时间我们一直在阅读有关"狼"主题的作品，让我们逐渐走近了狼的世界。在形形色色的狼中，有一匹母狼引起了我们的关注，它就是《狼王梦》中的紫岚。有人说，紫岚是一个伟大的母亲，她为了把自己的孩子培养成狼王付出了自己所有的努力，甚至是自己的生命；也有人说，紫岚是一个自私的母亲，她为了完成丈夫当狼王的遗愿，残忍地训练自己的孩子，不顾孩子是否适合，导致几个孩子过早死亡。 在你心中，紫岚到底是一个怎样的母亲？今天咱们就来一场"紫岚母爱之我见"的演说 PK 赛，看谁能说服谁？			
评价标准		优秀	良好	加油
	观点明确	能运用精练的语言阐述自己对紫岚母爱的看法，观点很明确。	能说出自己对紫岚母爱的看法。	还不能明确自己的观点。
	论据充分	能运用作品中的事例和生活中的事例来证明自己的观点； 能针对对方的观点迅速找到对应的论据，逻辑严密，论证有力。	能从作品中找到相关事例来证明自己的观点，有理有据。	论据很不充分。

评价标准	PK效果	能积极主动发言； 吐字清晰，语速适当，有肢体语言； 反应敏捷，应对能力强； 表达清晰、层次清楚，逻辑严密。	能根据任务安排发言，把准备好的内容清晰、明确地说出来。	发言不积极。
课时活动设计	课前游戏： 　　同学们，上课前咱们先玩一个很流行的游戏，叫快问快答。回答问题速度要快，不要过多思考。如果是肯定的回答，请举右手。如果否定的回答请举左手。 　　今天你开心吗？找两个同学说原因。近期得到奖励了吗？（什么原因奖励的？） 　　近期受到批评了吗？（什么原因？）对你的爸爸妈妈满意吗？对新的班主任王老师满意吗？ 　　好，游戏结束。刚才大家都积极举手的感觉多好啊！其实世上所有的问题都没有什么绝对标准的答案，只要勇敢地说出你的想法、你的理由即可。希望大家今天课堂上也能像刚才一样，每个同学都积极举手，勇敢地表达自己的观点。大家能做到吗？ 　　环节一：说出我的观点 　　1.回顾内容，引出话题。 　　师：同学们，这段时间我们一直在阅读有关"狼"主题的作品，让我们逐渐走近了狼的世界。在形形色色的狼中，有一只母狼引起了我们的关注，它就是《狼王梦》中的紫岚。 　　课件出示："紫岚，是一匹母狼，她一直有一个梦想，完成丈夫没有实现的成为狼王的遗愿，把自己的后代培养成狼王。为了实现这个梦想，她付出了所有的心血，全心全意培养三个儿子。可是现实太残酷，她的三个儿子却因此相继死去。她又把希望寄托在狼孙身上。为了狼孙的安全，它与金雕同归于尽。" 　　师：紫岚培养三个儿子的过程是全书的重点，也是最吸引我们的部分，那你读了这部分，有什么感受呢？请大家说一说自己真实的感受。 　　学生自由发言。 　　老师根据学生发言板书。 　　师：正像刚才同学们的感受一样，有人说紫岚是一个伟大的母亲、一个坚强的母亲，对孩子是真爱；也有人说，紫岚是一个自私的、狼心的、苛刻的母亲，对孩子不是真爱。那你的观点是什么呢？

课时活动 设计	2. 明确观点，划分战队。 师：同意第一个观点的请举手，同意第二个观点的请举手。好，志同道合的同学坐在一起才方便交流。第一个观点的同学请到右手边来，第二个观点的同学请到左手边来。请大家迅速安静地到自己的队伍中去。 大家互相商量一下，给各自的战队起个名字吧！（在黑板左边板书：真爱队、狼国女王队，用于后面的积分） 3. 明确任务，激发兴趣。 待会咱们举行一个"紫岚母爱之我见"的PK大赛，两个战队各自说说自己的看法，我们要评选出"最佳发言人"和"优胜战队"，大家有信心吗？ 环节二：探究我的论据 师：有信心很好，但我们还得明白怎么做。 1. 探究任务一 怎样的发言是最佳发言？怎样的战队才能成为优胜战队？学生结合前面我们开展单元课程中学到的知识来交流。 根据学生的发言板书：观点明确、论据充分、表达清楚、积极发言、纪律文明等。这就是今天咱们评选"最佳发言人"和"优胜战队"的标准。 你觉得这几条中哪一条最难做到呢？请提出来，大家帮忙想想办法。学生自由发言，其他的几条简单说，最终落到"论据充分"这一条上。引出第二个探究任务。 2. 探究任务二 为了让演说更有说服力，我们需要从多方面寻找能证明我们观点的论据。那大家想想，我们可以从哪里找论据呢？ 根据学生发言板书：书中故事 听到看到 现实生活 小结：这三条是我们寻找论据最主要的途径，当然，随着课程的开展，我们可能还有更多的途径，今天我们就重点使用这三种。 课件出示要求： 本战队之内就近的四五个同学组成一个小队，推举一个队长，队长带领大家把发言的思路呈现在思维导图上，并进行一个简单的分工，让每个人都有发言的机会。小组内练习发言。

课时活动 设计	环节三："紫岚母爱之我见"演说PK赛 1.比赛规则： （屏幕出示）两方队员积极发言，每人发言不超过2分钟，每人次加1分，如果能针对对方的发言进行有力反驳的加2分。发言内容和发言人重复者扣1分。积分多者为"优胜战队"。根据评价标准推荐"最佳发言人"。 2.PK赛 根据规则进行PK赛，教师随时根据评价标准对学生发言进行点拨提升，给队伍加分。 自由辩论结束后，每队找一名同学进行演说陈词，正确引导学生对母爱的理解。评选出"优胜战队"。 3.推荐"最佳发言人" 两方各自推荐一名最佳发言人，要根据评价标准说明理由。 环节四：课堂小结 1.课件出示：你觉得怎样的发言才更有说服力？ 2.学生自由发言。 3.总结： 紫岚的母爱我们无法用一个标准的答案来评价她的对与错。但我们要记住一点，母爱是世间最真挚最无私的感情，没有任何东西赶得上它。我们要敢于说出自己的观点，用事实论据来证明自己的观点——有逻辑和事实的发言内容才更有说服力。 板书： 最佳发言人 优胜战队 —— { 观点明确 论据充分 表达清楚 积极发言 纪律文明 } —— { 书中故事 听到看到 现实生活 } | 真爱队 | 狼国女王队

附件1—3："狼王争霸"单元第5—6课时教学设计

课题	狼王争霸赛	课时	2课时
持久性 理解	有逻辑性和事实让演说更精彩。		

核心问题	怎样让我们的演说更有说服力?		
掌握知能	1.知道围绕观点演说的技巧——观点明确、理由充分、表达清楚。 2.能选择合适的事例论据证明观点。 3.能围绕观点进行演说。		
情境任务	同学们,"狼"形象在文学中一直具有重要的意义。从二十世纪末开始,随着生态环境破坏的加剧,引起了人们对一些濒危动物的关注,当代小说中掀起一股文学"狼"潮,出现了大量的与狼有关的文学作品。狼的忠诚、团结、坚毅、付出、母爱等精神很让人敬佩。每一个读者都有一只自己心目中的"狼王"。 　　我们将开展一次主题为"狼王争霸赛"的口语交际活动,都来说一说自己对文学作品中的狼形象的感受,并能用充足的理由支撑自己的观点,说服别人,让自己心目中的狼成为"狼王"。		
评价标准		优秀	良好	加油
	中心明确	对狼的形象感受非常深刻,能多角度有条理地进行评价。	对狼的形象有感受,能抓住主要特点进行评价。	对狼的形象感受不明确,不能进行评价。
	理由充分	能从文中找到充足的证据支持自己的观点,逻辑性严密。	能说出自己的理由,有逻辑性。	理由不充分,缺乏逻辑性。
	互动交流	能熟练回答别人的提问或质疑,说服力强。	能简单回答别人的提问或质疑,有说服力。	能简单回答别人的提问或质疑,有说服力。
课时活动设计	一、游戏导入 　　请说出带有"狼"的成语,看谁说得多。学生边说,教师边打到屏幕上。 　　例如:狼吞虎咽、杯盘狼藉、狼狈不堪、声名狼藉、引狼入室、狼狈为奸、狼子野心、鬼哭狼嚎、狼心狗肺、豺狼当道、鬼哭狼嚎、如狼似虎、狼烟四起、鹰视狼顾、豺狼虎豹。 　　这些词给你什么感受? 　　总结:狼在我们的心目中一直就是凶残、贪婪、狡诈的,小孩子一听说大灰狼要来了就乖乖听话。可是我们要知道,狼就是生活在"弱肉强食、优胜劣汰"的丛林法则中,它要想生存下去,就要遵循这样的法则。		

课时活动 设计	二、争做代言人 　　这段时间我们也一直在阅读关于狼的文学作品，有没有一匹狼特别让你感动甚至敬佩呢？请你用一句话来说一下。根据发言情况，推选出代言人。 　　我觉得《　　　　　》（作品名）中的狼特别厉害，因为它（　　　　　　　　　　　　）。 　　1. 先在小组内交流，再自由发言，就是同一只狼也可以说不同的理由。 　　2. 我为心中的狼王代言 　　根据学生演讲稿中写到的狼王确定 5 个代言人： 　　蓝魂儿、狼图腾、紫葡萄、紫岚、雪国狼王 　　3. 五个代言人分别找自己的同盟军，为自己的战队起一个名字。 　　三、集体智慧大碰撞 　　1. 每个战队迅速商量从哪几个方面来介绍狼王。 　　2. 制作出思维导图。狼王是谁？哪些让人敬佩的地方？分别用什么事例来证明？ 　　3. 队长进行发言分工。 　　4. 战队内两两进行演说练习，队员相互提建议。 　　四、狼王 PK 赛 　　1. 各战队选择喜欢的方式，或个人或合作，将心目中的狼王推荐给大家。 　　2. 全体同学认真倾听，随时抽取同学要对讲述者做出评价。 　　观点是否明确？事例选择是否合适？演讲效果如何？你有什么建议？ 　　3. 用举牌投票的方式进行"狼王"评选。 　　4. 颁奖 　　五、课程结语 　　通过《狼王争霸》单元课程的学习，你有什么收获？（可从知识、技能、情感等方面交流） 　　小结：在课程中我们认识到狼既是凶残、贪婪的，又是智慧、团结的，看问题应该从不同角度去看，尽量看到事物的两面性，要学会用论据证明自己的观点。狼文化对人类的影响越来越大，更多的"狼道精神"等着我们去探究。

附件2：以小学数学"展板的设计"为例的单元教学设计

一、单元大概念

数学课程不仅仅是要教会学生知识与技能，更重要的是在学习这些结论的过程中获得数学思想。数学思想是数学科学发生、发展的根本，是探索研究数学所依赖的基础，也是数学课程教学的精髓。数学思想就是将具体的数学知识都忘掉以后剩下的东西。

长方形和正方形的面积属于"图形与几何"知识领域。

从一、二学段整体来看，"图形与几何"内容的编排有如下特点：

从立体到平面再到立体；

从生活中的实物抽象出图形到应用于生活；

从直观辨认图形到操作探索图形的特征；

从直边图形到曲边图形；

从静态到动态：第一阶段主要侧重于静态，第二阶段则侧重于动态认识。

三年级上学期涉及的图形领域内容有周长和面积，这两部分内容与生活都是比较容易结合的，而且在生活中都有相关的应用，但是面积用到的会更多一些，而且面积对以后图形的学习是重要的基础。

（一）学科概念网

1.领域概念

（1）直观想象是物体形态从生活物体到形状图形化呈现的方式。

（2）几何直观是利用规则进行图形变化的重要手段。

（3）生活物体图形化和变化的过程是想象培养的基础。

（4）直观想象可以系统化地描述生活中的一些现象。

2.第一学段概念

（1）简单几何体和常见平面图形是生活中物体的图形化呈现。

（2）平移、旋转、轴对称、相对位置等都需要遵循相关规则。

（3）初步测量、识图和画图等方式都可以描述生活中的现象。

3.学期概念

（1）周长、面积是衡量物体的重要手段。

（2）八个方向的认识是生活中辨别位置的基础。

（3）平移、旋转、轴对称等可以创造美丽的图形。

（二）课程标准内容相关陈述

探索并掌握长方形和正方形的面积公式，并能解决简单的实际问题。

（三）单元概念的确定

在我们概念网中，三年级上学期的相关概念描述为：面积是衡量图形的重要手段。

学生要用面积衡量图形，首先要知道面积是什么，而且要掌握衡量图形的方法，所以，从学习顺序的角度，我们将概念进行了转化：学生能够借助面积单位或者长方形和正方形面积计算方法，得到生活中类似图形的面积。

1. 面的大小需要用面积单位来衡量。

2. 转化是得到图形面积的重要手段。

领域概念	第一学段概念	学期概念	单元概念
1. 直观想象是物体形态从生活物体到形状图形化呈现的方式。 2. 几何直观是利用规则进行图形变化的重要手段。 3. 生活物体图形化和变化的过程是想象培养的基础。 4. 直观想象可以系统化地描述生活中的一些现象。	1. 简单几何体和常见平面图形是生活中物体的图形化呈现。 2. 平移、旋转、轴对称、相对位置等都需要遵循相关规则。 3. 初步测量、识图和画图等方式都可以描述生活中的现象。	1. 周长、面积是衡量物体的重要手段。 2. 八个方向的认识是生活中辨别位置的基础。 3. 平移、旋转、轴对称等可以创造美丽的图形。	1. 面的大小需要用面积单位来衡量。 2. 转化是得到图形面积的重要手段。

二、学情分析

学生在一年级下册初步认识了长方形、正方形、三角形、平行四边形和圆；二年级下册进一步认识了长方形和正方形，能用语言描述长方形和正方形的特征；在三年级上册的前面单元中又学习了长方形和正方形的周长，学生能够结合具体情境理解周长的意义，能指出并测量简单图形的周长，掌握了长方形、正方形周长的计算方法。同时，学生在以前多种形式的探索活动中，培养初步的观察、比较、抽象等思维能力，感受到数学的有趣及与生活的密切联系。这些都为学习新课奠定了基础。

但同时也必须认识到，学生以前学习的测量长度、周长计算，主要是从线的一维角度来认识事物，而面积计算则是从二维的层面来认识事物，可以说，从长度到面积，是学生空间形式认识发展上的一次飞跃，对学生来说有一定难度。又因为三年级学生年龄较小，其思维仍以形象思维为主，抽象能力较差，所以，教学中更多的是帮助学生沟通一维长度属性与二维平面属性间的联系，扩展学生认识图形的基本观点，培养空间观念。

三、教材分析

通过对教材内容的浏览，我们发现，关于图形的内容有周长和面积，图形的研究对于学生而言，可操作性强，便于学生理解，而且图形的计算能很好地将数的运算串联起来。

本单元所学的内容是在学生初步掌握了长方形和正方形的特征、长方形和正方形的周长计算的基础上进行学习的，是学习平面图形面积知识的开始，也是今后学习其他平面图形如平行四边形、三角形、梯形、圆等面积计算的基础，在几何初步知识的系统中具有承上启下的作用。

四、单元教学设计

阶段一：明确预期学习结果	
学习迁移	
学生能自主地将所学运用到…… 学生能够借助面积单位或者长方形和正方形面积计算方法，得到生活中类似图形的面积。	
理解意义	
深入持久理解 学生将会理解…… 1. 面的大小需要用面积单位来衡量。 2. 转化是得到图形面积的重要手段。	核心问题 学生将不断地思考…… 1. 我们应该怎样衡量一个封闭图形面的大小？ 2. 遇到一个新图形你怎样知道它的面积？
掌握知能	
学生该掌握的知识是…… 1. 面积单位可以用边长为1厘米、1分米等1个长度单位的正方形的大小来表示。 2. 长方形、正方形的面积公式。	学生应形成的技能是…… 1. 利用面积单位得到其他图形面积。 2. 用长方形和正方形的面积公式得到长方形和正方形的面积。 3. 能将新图形转化为长方形或者正方形来计算。

阶段二：确定恰当评估办法				
目标代码	评估标准			评估任务
	评价内容	优秀	中等	进步	

目标代码	评价内容	优秀	中等	进步	评估任务
所有学习迁移的目标（T） 所有理解意义的目标（M）	能找到衡量长方形和正方形面积的方法，得到需要白色底板规格和数量。	能用面积单位和计算两种方法得到长方形和正方形的面积并提出建议。	能用面积单位和计算两种方法得到长方形和正方形的面积。	只能用计算的方法得到长方形和正方形的面积。	真实情境任务： 　将用哪些表现说明学生实现了理解…… 　班级教室文化装修升级，在教室南墙设置展示区，（下图）请根据实际情况进行设计。 要求： 1. 长方形或者正方形的用白色底板打底。 2. 用壁纸粘贴，然后用边框划分小组区域。 请你务必完成： 1. 估计使用白色方形底板的大小、数量，并对采购提出建议。 2. 大体估计区域面积，为购买壁纸提供建议。 3. 将区域按照小组大致划分，提供边框数据，为采购提供建议。
	找到衡量不规则图形的方法，并估算出至少用多少壁纸。	能将不规则图形转化为长方形得到面积并提出建议。	能将不规则图形转化为长方形得到面积。	不能得到面积。	
所有理解意义的目标（M） 所有理解和迁移目标 所有知识技能目标	能得到划分之后需要多少边框，并提供建议。	能画出草图，并计算边框数量，提供建议。	能画出草图，并计算边框数量。	能画出草图。	其他评估任务： 1. 给定学生一个图形，学生能够通过直接计算或者转化之后再计算得到面积。 2. 从生活中寻找例如商标、桌面等类似长方形的面，通过测量、计算等方式得到大致的面积。 3. 对生活中不太规则的面，用自己的办法转化成类似长方形或者正方形，得到大致的面积。

阶段三：规划相关教学过程		
需要完成的任务	针对任务设计的教学活动	学习的知识
1. 估计使用白色方形底板的大小、数量，并对采购提出建议。	活动一：探讨面积的衡量方法（2课时） 　借助道具学习面积单位，了解面积单位产生是有必要性的，是面积衡量的基本单位。 　学生用面积单位衡量墙面，面积单位就等同于方形的白色底板。	面积单位的认识。 面积单位的相互转化。
2. 大体估计区域面积，为购买壁纸提供建议。	活动二：如何得到长方形和正方形的面积？（2课时） 　利用面积单位及学具探讨长方形面积的公式，发现长方形的面积虽然可以用公式计算，但是也是由一个个面积单位组成的。用得到的计算方法计算出区域的面积。	长方形和正方形面积计算方法。
3. 将区域按照小组大致划分，提供边框数据，为采购提供建议。	活动三：到底用多少边框？（2课时） 　遇到特殊图案应该如何处理？怎样知道能用多少壁纸？探讨方法，并让学生尝试，并记录数据。通过交流、计算得到使用数量。	不规则图形的面积求法。 面积和周长的区别。

五、教学活动设计

1. "面积的单位"教学设计

课题名称	面积的单位		
教材版本	青岛版	课时	2
相关课程标准陈述	探索并掌握长方形和正方形的面积公式，并能解决简单的实际问题。		
教材分析	本单元所学的内容是在学生初步掌握了长方形和正方形的特征、长方形和正方形的周长计算的基础上进行学习的，是学习平面图形面积知识的开始，也是今后学习其他平面图形如平行四边形、三角形、梯形、圆等面积计算的基础，在几何初步知识的系统中具有承上启下的作用。		

学情分析	学生在一年级下册初步认识了长方形、正方形、三角形、平行四边形和圆；二年级下册进一步认识了长方形和正方形，能用语言描述长方形和正方形的特征；在三年级上册的前面单元中又学习了长方形和正方形的周长。同时，学生在以前多种形式的探索活动中，培养初步的观察、比较、抽象等思维能力，感受到数学的有趣及与生活的密切联系。这些都为学习新课奠定了基础。

预期学习目标	**学习迁移**	
	学生能够借助面积单位，得到生活中图形的面积。	
	基本理解	基本问题
	长方形面的大小需要用面积单位来衡量。	我们应该怎样衡量一个长方形的大小？
	掌握的知识	形成的技能
	面积单位有平方厘米、平方分米、平方米等，都是边长为1个长度单位的正方形。	用面积单位拼摆的方法得到平面图形的面积。

确定恰当的评估办法	尝试用面积单位将下图铺满，然后得到它的大致面积。 评估标准： 1.能用面积单位铺满的方法得到大致面积。 2.能说明自己得到面积的方法。

教学活动	一、问题导入 　班级教室文化装修升级，在教室南墙设置展示区，请根据实际情况进行设计，怎样才能知道这个墙壁区域有多大？ 二、实体触摸，初步感知 　通过让学生摸一摸、看一看、想一想等过程，感知面是有大小的。 　素材：桌面　凳面　书本封面　橡皮正面等 学生摸一摸，同学之间交流：面是平的，部分面的大小可以一眼看出来。

教学活动	三、发现问题，解答疑惑 师问：那你知道这张彩色卡纸和数学课本哪个面比较大？ （彩色卡纸是正方形，课本是长方形，无法直接通过重叠的方法知道谁大谁小） 讨论方法。 学生尝试方法：圆片铺满、小方片铺满。 学生尝试，然后组织交流。 （圆片和小方片必须是同类大小相等） 总结结论 用相同大小的形状去铺满，是可以通过数量的多少来确定哪个面更大的，方片比圆片更容易铺满，所以，方片更合适。 四、认识面积单位 引出面积单位：为了统一，将边长为 1 厘米的小正方形面积定义为 1 平方厘米，边长 1 分米的小正方形面积定义为 1 平方分米，边长是 1 米的正方形面积定义为 1 平方米。 现在思考，刚才的两个图形的面积应该如何衡量？ 学生尝试用铺面积单位的方法或者画小方格的方法衡量面的大小。 五、单位转化 师问：如果两个图形面积表示的单位不一样怎么办？ 面积单位转化的方法。 1 平方分米 = ？平方厘米 学生猜测，教师引导。 组内讨论，可以用摆一摆的方法，可以用想象表达的方法。

2. "长方形和正方形的面积"教学设计

课题名称	长方形和正方形的面积		
教材版本	青岛版	课时	2
相关课程标准陈述	探索并掌握长方形和正方形的面积公式，并能解决简单的实际问题。		
教材分析	前面面积单位的学习是基础，这两个课时教材提供的内容比较适合学生自主去探索。同时，这部分知识的学习也是今后学习其他平面图形如平行四边形、三角形、梯形、圆等面积计算的基础。在几何初步知识的系统中具有承上启下的作用。		

学情分析	学生以前学习的测量长度、周长计算，主要是从线的一维角度来认识事物，而面积计算则是从二维的层面来认识事物，可以说，从长度到面积，是学生空间形式认识发展上的一次飞跃，对学生来说有一定难度。又因为三年级学生年龄较小，其思维仍以形象思维为主，抽象能力较差，所以，教学中更多的是帮助学生沟通一维长度属性与二维平面属性间的联系，扩展学生认识图形的基本观点，培养空间观念。	
预期学习目标	学习迁移	
	学生能够借助长方形面积计算方法，得到生活中类似图形的面积。	
	基本理解	基本问题
	长方形面的大小需要用面积单位来衡量。	我们应该怎样衡量一个长方形的大小？
	掌握的知识	形成的技能
	长方形的面积公式为：长 × 宽 = 长方形的面积	用长方形的面积公式得到长方形的面积。
确定恰当的评估办法	尝试找到长方形和正方形的面积计算方法，提出合理建议。 评估标准： 1. 找到面积的计算方法。 2. 能提出自己的合理建议。	
教学活动	一、问题导入 我们的装饰区域需要用壁纸张贴，大家能否找出这个区域的面积，给我们的设计提出点儿建议？ 思考：怎样才能知道买壁纸准备多少钱？ 我们需要知道什么条件？ 二、提出问题，初步探讨 师：这节课我们一起来学习长方形的面积。 师：老师这里有两个长方形，你能不能用摆格子的办法找出它们的面积？自己试一试。(下面图形为标尺寸后的图形) 3厘米　　　　　　　　4厘米 2厘米　▭　　　　2厘米　▭ 　图形 1　　　　　　图形 2	

教学活动

教师巡视，发现学生的主要问题。

寻找两种类型进行交流：

铺满找到面积。

能写出算式：3×2=6

　　　　　　　4×2=8

讨论第一种情况，学生能铺满，找到面积是 6 平方厘米和 8 平方厘米。

讨论第二种情况。

师：这个算式是什么意思？第一个算式里 3、2、6 分别表示什么？第二个算式里 4、2、8 又分别表示什么？

教师板书学生发现：

一行个数 × 行数＝小正方形个数

三、合作探究，展示交流

师：老师这里还有三个长方形，你能否利用手里的小正方形完成任务单的 3、4、5？（下列图形为标定尺寸后的图形）

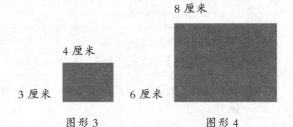

图形 3　　　　　　　　图形 4

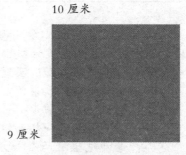

图形 5

要求：先独立思考，有困难可以向组内同学寻求帮助。

图形 4：只能摆一行或者一列（行数），这样能否找到面积？为什么？

图形 5：一行不够，一列（行数）也不够，如何摆？

图形 5：一行不够，一列（行数）也不够，如何摆？

教学活动	师：同学们，图形 3 并不能全部摆满，你是怎么知道它的面积的？ 为什么只摆出一行和一列？ 结合学生的发言总结： 只需知道一行个数和能摆多少行就能求出小正方形的个数。 师：图形 4 的面积是怎么找到的？ 谁能将你的方法展示一下？ 教师板书算式。 师：图形 5 难度很大，谁来交流一下你的方法？ 预设学生可能出现的情况，如果没有出现需要的情况，可以适当引导和提及。 对于前两种预设，简单交流，重点提及第三种预设。 师：同学们，为什么长是 10 厘米就确定一行能摆 10 个小正方形？ 为什么宽是 9 厘米就确定有 9 行？ 请你阐述你的理由。 四、抽象概括，总结提升 以下是部分板书内容： 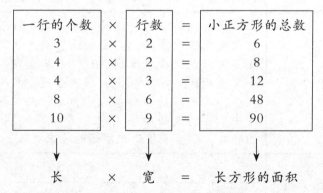 师：通过黑板上的对比，你认为每行有多少个？相当于长方形的什么？行数相当于长方形的什么？小正方形个数呢？ 师：通过转化我们可以发现，长方形的面积可以通过长乘宽求出来。 师：如果让你用 1 平方厘米的小正方形去摆满边长是 9 厘米的正方形你会怎么摆？正方形的面积又会是多少呢？ 问：现在正方形的面积会是长乘宽吗？如果不是，应该是什么？

教学活动	我们发现，正方形的面积计算方法虽然一样，但是计算方法应该为：边长乘边长等于正方形的面积。 教师板书：边长 × 边长 ＝ 正方形面积。 五、评价反馈 现在思考一下，我们需要知道什么信息？ 学生思考，回答，并尝试测量。 利用信息计算。

3. "不规则图形的面积"教学设计

<table>
<tr>
<td>课题名称</td>
<td colspan="4">不规则图形的面积</td>
</tr>
<tr>
<td>教材版本</td>
<td colspan="2">青岛版</td>
<td>课时</td>
<td>2</td>
</tr>
<tr>
<td>相关课程
标准陈述</td>
<td colspan="4">探索并掌握长方形和正方形的面积公式，并能解决简单的实际问题。</td>
</tr>
<tr>
<td>教材分析</td>
<td colspan="4">学习了长方形和正方形的面积计算方法，便有了探究不规则图形的基础了。这两个课时教材提供的内容比较适合学生自主去探索。同时，这部分知识的学习也是今后学习其他平面图形如平行四边形、三角形、梯形、圆等面积计算的基础，在几何初步知识的系统中具有承上启下的作用。</td>
</tr>
<tr>
<td>学情分析</td>
<td colspan="4">学生以前学习的测量长度、周长计算，主要是从线的一维角度来认识事物，而面积计算则是从二维的层面来认识事物，可以说，从长度到面积，是学生空间形式认识发展上的一次飞跃，对学生来说有一定难度。又因为三年级学生年龄较小，其思维仍以形象思维为主，抽象能力较差，所以，教学中更多的是帮助学生沟通一维长度属性与二维平面属性间的联系，扩展学生认识图形的基本观点，培养空间观念。</td>
</tr>
<tr>
<td rowspan="5">预期学习
目标</td>
<td colspan="4" align="center">学习迁移</td>
</tr>
<tr>
<td colspan="4">学生能够借助长方形面积计算方法，得到生活中类似图形的面积。</td>
</tr>
<tr>
<td colspan="2" align="center">基本理解</td>
<td colspan="2" align="center">基本问题</td>
</tr>
<tr>
<td colspan="2">长方形面的大小需要用面积单位来衡量。</td>
<td colspan="2">我们应该怎样衡量一个长方形的大小？</td>
</tr>
<tr>
<td colspan="2" align="center">掌握的知识</td>
<td colspan="2" align="center">形成的技能</td>
</tr>
<tr>
<td></td>
<td colspan="2">长方形的面积公式为：
长 × 宽 ＝ 长方形的面积</td>
<td colspan="2">用长方形的面积公式得到近似长方形的大致面积。</td>
</tr>
</table>

确定恰当的评估办法	尝试将不规则图形进行初步转化，得到面积，为我们壁纸购买提供建议。 评估标准： 1. 找到不规则图形大致面积的计算方法。 2. 能提出自己的合理建议。
教学活动	一、抛出问题，讨论方法 上节课我们知道了长方形和正方形的面积应该如何计算，今天我们就来试一试，能不能得到展板的面积。 实地测量，发现展板区域是一个如下的图形。 讨论如下图形面积的求法。  引导学生发现，可以将其进行分割、拼接等转化操作。 学生可能会出现多种方式的转化，但是引导学生无论如何转化，主要目的是要变成长方形或者正方形。 我们发现，上面的图形是可以通过多种方法转化为长方形来解决的，那么其他图形我们能否也按照上面的方法来解决呢？小组为单位，讨论下面的问题如何解决。 引导学生发现，除了可以剪切拼凑外，还可以用割补法。 二、方法拓展提升 生活中我们还会遇到很多图形，你有什么方法得到它的面积？讨论如下图形面积的求法。 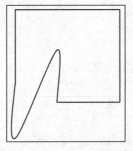 引导学生发现，可以将其进行分割、拼接等转化操作。 需要学生明确，这里得到的只能是一个近似的长方形，所以，得到的是一个不准确的值。

如下图形，我们能否得到面积呢？

我们发现，上面的图形是可以通过多种方法转化为长方形来解决的，那么其他图形我们能否也按照上面的方法来解决呢？小组为单位，讨论下面的问题如何解决。

引导学生发现，不规则图形只能近似看成规则图形得到大致的面积，如下图：

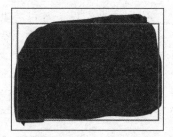

学生需要准备蛋糕帽子，可乐瓶子等物品。

下面的图形是一个什么东西？这个图形的面积我们能求出来吗？

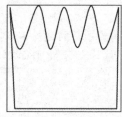

学生交流，尝试用割补、拼凑等方式转化，求面积。

三、动手实践

学生测量展板区域的尺寸，然后用A4纸模拟如何使用壁纸最合理？现在给定我们一张长宽固定的壁纸，你能否将展板铺好？请利用模拟小沙盘试一试。

要求：

1.壁纸节约，不能浪费。

2.尝试将展板进行区域划分，并计算需要边框的长度。

第五章

教育家型校长课程领导力提升引发的「化学变化」

校长由行政管理者转变为课程领导者，促进了晏婴小学的内涵发展和办学水平的真正提升。校长作为学校的灵魂，在新一轮课程改革面前，不再是上级课改要求的被动执行者，而是成了课程改革的主动研究者，不仅是行政管理者，更是课程领导者。因为校长的角色转变引发了晏婴小学发生了一系列"化学变化"，学校由以教师为中心、教材为中心、教室为中心的知识传授模式，逐渐转变为以学生为中心、问题为中心、活动为中心的综合能力培养模式，引发学校、教师、家长和学生发生了一系列深层变化。

第一节　学校：由刷题训练场转变为立体教育场

课程改革以前，晏婴小学与其说是一所学校，更准确地讲更像是一个刷题训练场，每天学生都有刷不尽的各学科题目和作业，学生仿佛成了做题的机器，刷题的目标指向非常明确，那就是尽可能地提升各个学科考试的分数。随着课程改革的逐步深入，晏婴小学悄悄地发生了变化，这种变化由点到面、由浅入深、由量到质，学校逐渐由刷题训练场转变为了"阅读场""展示场""创意场"和"文化场"。从此，晏婴小学也变得更丰富、更立体、更好玩、更有意思了。

一、为学生搭建立体"阅读场"

晏婴小学原来建有专门的图书馆，但离教学楼较远，加之学生借阅图书要办理借书证，学生借阅图书不方便，导致到图书馆借阅图书的学生越来越少，图书馆内的六万余册图书成了一道摆放得整整齐齐的"靓丽风景"。怎么办？学校只有以学生为中心，重新调整教育资源，才能真正发挥其价值，才能实现"图书馆的书可以自由阅读"的学生诉求。于是,晏婴小学打破常规,让六万余册图书"集体搬家",在每间教室里建设自助图书角,在教学楼的走廊里、楼道拐角处建设开放式学生书吧,让图书来到学生身边,学生随手可取,随地可读。在解决了学生有书读的同时,还组织语文教师制定了《晏婴小学全年级阶梯阅读必读书目及评价方案》,又解决了读什么、如何评价等一系列问题。学校还通过竞聘的方式产生"小小图书管理员",开放式书吧的图书全部由学生负责打理。同时,教师加强对学生阅读方法的指导,使学生掌握了朗读法、默读法、精读法、略读法、速读法等阅读方法,激发了学生的阅读兴趣,不仅大大提升了学生的阅读量,还提高了学生的管理能力。学校还允许学生将图书带回家,鼓励家庭购书、读书,评选"家庭书屋",开展"放下手机、亲子共读"活动,让学生家中充满书香的味道。学校还定期举办读书节,让生生登台、师生登台、亲子登台分享读书体会。这样,在晏婴小学营造了一个以校园为主体的辐射到学生家庭的"阅读场"。书被学生看旧了,翻烂了,这才发挥了书的价值。小学阶段是学生养成终生阅读习惯的关键期。学校有责任要让图书离学生更近一点、更亲一点。学校要为学生种下阅读的种子,让阅读伴随学生一生。

二、让教室成为张扬学生个性的"展示场"

"欢迎您来到我们3.5班教室,欢迎您走进我们的成长乐园——'巧手屋'。这个班名是我们同学集体协商的结果。我们根据这个主题,将教室设计成了'手写''手绘''手折''手捏''手创'五大板块。请看,教室的窗台上、橱顶上、墙壁上,到处都摆放着我们各式各样的小作品、小创意,整个教室就像是我们作品的大展台。"3.5班的张佳惠同学一讲起他们的教室来就滔滔不绝。

多年来,晏婴小学积极推进基于课程标准的课程改革,开发并实施了基于标准和学生实际的一系列特色课程。以该校教师开发的"创意设计课程"为例,通过该课程的实施,引发每间教室成为同学之间相互比设计、比创意、比环保的"展示场"。晏婴小学现有40个班级,每个班级的班徽、班牌、班级公约都是由学生来设计制作的。各班教室内的各式各样、创意独特的小盆栽,是学生利用废弃的塑料瓶、塑料桶、易拉罐、硬纸箱等环保材料设计、制作而成的。学生用家中用过的洗涤液塑料桶改造成的花盆如同振翅欲飞的凤凰,形态逼真、栩栩如生。学生用废弃的烧水壶栽种的小绿植被命名为"五壶四海",看上去生机盎然、富有情趣。一个个造型各异的花盆呈现在教室里,加之里面学生自己种植的土豆、辣椒、草莓、花生、绿萝、多肉、西红柿等各种植物，更是千姿百态、创意无限，成为一道独特的风景。

在晏婴小学，学生无论有什么稀奇古怪的想法都会得到校长和老师的支持。有个学生在教室内制作了一个"鸟巢"。就这么一个"鸟巢"，它成为这个班的同学永久的记忆和留恋。从这个班里毕业的同学都要再回到这里，再看一看这个"鸟巢"，再看一看教导过他们的老师，再看一看他们学习生活过的"家"。让教室成为学生记忆中有创意、有温度、有留恋的地方，这就是教育的成功。

这样，在晏婴小学每间教室里，都能找到每名学生最得意的书法作品、绘画作品、手工作品和创意设计作品。教室由枯燥单调转变为张扬个性、创意无限。在晏婴小学，教室不仅仅是学生上课的地方，还是张扬学生个性的"展示场"。

三、将校园办成激发学生灵感的"创意场"

学校是学生学习的场所，学生才是学校的主人。主人就要有主人的权利。晏婴小学的学生拥有各种各样的权利：班级命名权、教室设计权、课程选择权、消防箱设计权、作品展示权、树木绘画权等等。

校园里的消防箱和垃圾箱都成为学生创作的对象和源泉。晏婴小学的消防箱文化不是由文化公司设计制作的，而是由学生自己创作的。学生在设计制作消防箱文化的同时，不仅提升了学生的绘画能力和创新思维，还为学生播下了安全的种子。本来千篇一律的垃圾箱在学生手中改变了模样，学生的绘画既符合环保的主题，又有巧妙的创意，一个个垃圾箱仿佛成为一件件独一无二的"艺术品"。

晏婴小学将校园里的大大小小 700 多棵树让学生认领，学生可以在自己认领的树上作各种各样的图画。校园的树上有学生巧妙利用树形绘制而成的长颈鹿，有富有本土文化味的"蹴鞠娃"，有惟妙惟肖的齐国历史人物。学生每当经过自己的得意之作的时候，那种自豪感难以自抑。有位学生激动地问老师："我可以邀请我的爸爸妈妈来看一下我的作品吗？""当然可以呀！我相信你的爸爸妈妈看到你的作品一定会为你点赞的！"。

学校又将眼光放在了走廊里、绿地里、校园里。在走廊里，为每个班制作了"学生创意作品展示台"。后来又建设了"艺术长廊"，专门为喜欢艺术的孩子们搭建一个展示自己艺术作品的平台。

在校长眼里，一切都是可以利用的教育资源。学校里的一树一木、一器一物、一角一落都成为学生创作的对象和创意的源泉，整个校园仿佛成为激发学生灵感的"创意场"。

四、让学生创建属于自己的"文化场"

一所学校最核心的价值是其独有的能够走进学生内心的文化。如何营造被学生所认同的能够走心的校园文化是校长最费心思的事。被学生认同和接受的校园文化首先不是一种"强加式"的文化，而是从学生内心"生长"出来的一种文化。

构建什么样的校园文化？如何构建能被学生认同和接受的校园文化？在校长主持下，晏婴小学开展了面向全体学生的"你喜欢什么样的校园文化"的大调查。经过对学生意见的汇总，结果出来了，大部分学生喜欢以故事的方式呈现校园文化。自此，独特的"故事文化"的呈现形式被确定下来。随后，在校长带领下，对校园文化进行了整体布局和规划。晏婴小学"故事文化"以"立德树人"为主题，以善良、诚信、分享、宽容、尊重、礼仪、规则、合作等为子主题，开始了以学生为主角的校园文化的营造。晏婴小学将校园文化的重点放在形成的过程上，而不是结果的呈现上。晏婴小学的"故事文化"经历了五个步骤：一是读故事。学校组织学生开展了系列主题阅读，让学生在阅读中按照各个主题提供相应的故事。这样，不仅为学校提供了大量备选的故事，同时又大大提升了学生的阅读量。二是荐故事。在全体学生中开展主题大阅读的基础上，组织学生按照各自主题推荐自己最经典最中意的故事。三是评故事。学校总共收到学生推荐的各个主题的小故事1100余个，学校按照各个主题将故事进行汇总，并将之发布到校网上，在全体学生中开展了"经典故事我来评"活动。学校对学生的投票进行了统计，按照得票多少精选出了260个经典小故事。学校以这些经典故事为素材，采取深受小学生喜爱的图文并茂的方式，制作了十三个系列故事文化长廊。四是讲故事。"故事文化"制作出来了，并不意味着校园文化制作的结束。学校利用这些故事，在学生中开展了"经典故事我来讲"活动，让这些故事进一步入脑入心，使学生浸润其中。五是演故事。学校又陆续开展了由学生自编自导自演的"故事情景剧"展评活动。这样，学生由校园文化的旁观者转变为校园文化的参与者、接受者、认同者、受益者和传播者。每个故事都带有学生的感情印记和思想印记，同时又采用了一种图文并茂、深受小学生喜闻乐见的呈现方式，它出现于教室里、走廊里和校园的角角落落，学生时常被这些画面生动、发人深省的故事所吸引，尤其是看到自己推荐的故事出现在其中时，自豪之情更是油然而生。

在入选的故事中有一则题为《太平洋上的小鸟》的小故事：太平洋上有这样一种小鸟，每年都要进行迁徙。由于太平洋浩瀚无际，小鸟在迁徙时嘴里都要衔一截枯树枝，主要是用于飞累了的时候，将枯树枝抛到海面上作为支撑物在上面停歇或觅食。由于数量庞大，小鸟落在海面上黑压压的一片，鲨鱼误将鸟群当作了鱼群，引来了鲨鱼的攻击。小鸟慌忙逃生，不少小鸟就将枯树枝遗弃在了海面上。但鸟群仍有办法继续迁徙，小鸟采取的办法是多只小鸟共用一个枯树枝，交替前进，最终实现一只不少地到达目的地。学生在这样的"故事文化"前驻足、品读和思考，感叹于小鸟的"一只不能少"的精神，也读懂了什么是合作意识和团队精神。学生浸润在这样的文化氛围中，就如同身处一种独特的"文化场"。这样的校园文化，不是校长和老师强塞给学生的，而是从学生心田中流淌出来的、被小学生所认同和接受的校园文化，学生在这样的"文化场"中，会自觉或不自觉地从中汲取文化的营养，会影响学生一生。

在校长心目中最重要的就是学生。作为一名校长，最重要的工作就是如何方便学生、激发学生、启迪学生，为学生搭建各种各样、大大小小的展示平台，打造随时随地可学的"教育场"。

"教育场"引发学生的学习发生一系列深刻变化：学生的学习由缺乏联系的碎片化学习转变为以主题为统领的系统真实性学习，由机械重复的平面式学习转变为渐进的有深度的立体式学习，由死记硬背转变为立足解决实际问题，提升了学生的动手能力、思维品质和创新意识。

课程建设拉动晏婴小学实现了跨越式发展，近年来先后有二百余所学校的校长、教师到该校考察课程建设工作。2016 年 12 月，由山东省教科院主办、临淄区晏婴小学承办的山东省课程整合现场观摩会在晏婴小学召开，面向全省推广晏婴小学课程整合的典型经验。2016 年 8 月，晏婴小学《朝向核心素养的课程整合实践与研究》被教育部课程教材中心评选为全国课程改革典型案例。2019 年 4 月，由教育部主办、临淄区晏婴小学承办的"全国高品质学校建设及课程改革现场研讨会"在晏婴小学召开，面向全国推广晏婴小学课程改革典型经验。2019 年 11 月，由山东省教科院主办、临淄区晏婴小学承办的山东省小学国家课程标准校本化解析与应用研讨会在晏婴小学召开，在此次会议上由晏婴小学教师创作的《小学国家课程标准校本化解析》一书正式出版，并作为重要成果在全省推广。

第二节 教师：由传统教书匠转变为
课程设计师

当前我国中小学教师职业生涯中，教师的主要任务是教，是按照教材、教参、考试试卷和标准答案去教，而很少有人站在专业角度去思考为什么要教这些，为什么要这么教，怎样教更好，如何才能达成"教是为了不教"。教师成了各种教参资料的简单照搬者，成了游离于研究之外的被动旁观者，成了教育部门各项要求的机械执行者。教师没有课程意识，缺乏专业素养，教学内容碎片化，教学方式随意化，照本宣科，机械灌输。

几乎每一个教师都有着巨大的发展潜能，可是，当下的教学往往导致教师的潜能处于被压抑的状态。很多教师错失了成为优秀教师的机会，平庸一生，倦怠一生。而课程改革，则让沉睡之中的教师觉醒起来，尤其是那些在课程改革中积极努力、大胆实践者，就有可能让生命发生裂变。现在，如果你与晏婴小学的老师们交流一下，就会发现，他们已经不是一般意义上的老师，已经有了一种质的改变和飞跃。教师的教育教学观念发生了深刻变化，课程意识大大增强，树立了自己的课程观，教师本身成了最重要的课程资源，教师具有了课程开发能力，由传统教书匠变为课程设计师。

课程改革的过程，就是引领教师由传统教书匠转变为课程设计师的过程。崔爱霞，在农村小学任教 15 年，2011 年 8 月调入晏婴小学担任语文教师。在调入晏婴小学以前，尤其是在参加课程整合之前，崔爱霞是一名普通得不能再普通的小学教师。然而，就是这样一位普通教师，近年来追随张斌博士投身课程整合，发生了连自己都感到惊讶的变化。从一名照本宣科的教书匠转变为了具有自己独特教学理念的语文专家，从一名"日复一日" 没有追求的教师转变为具有强烈的教育情怀和教育信仰的"人类灵魂工程师"。她潜心研究课程整合的理论，对语文学科的人文性和工具性有了准确认识，树立了正确的课程观，教学行为发生重大变化。崔爱霞立足课程理论的学习和研究，从基于课程标准的教学设计入手，学期课程纲要的制定、以语文为主的学科内整合、班本课程的开发，都取得了显著成效。尤其是在认真研究国家课程标准和国学经典的基础上，结合学生实际，创造性地开发了《慧读语文班本课程》，并用于教学实践，深受学生喜爱，学生的语文素养得到显著提升的同时，从内到外发生了深层次的变化，用其他教师的话说，"崔老师班里的学生有一种独特的气质，举止彬彬有礼，做事有板有眼又充满自信"。这种变化不仅是《慧读语文班本课程》给学生带来的，更重要的是崔爱霞老师对学生潜移默化的影响。

鸡蛋，从外打破是食物，从内打破是生命；人生，从外打破是压力，从内打破是成长。边春霞，晏婴小学英语教师，原本是一名默默无闻的农村小学英语教师，在农村小学任教 11 年。进入晏婴小学后，曾经因为班级管理屡次拖学校后腿受到校长批评。边老师喜欢看书、乐于研究。后来她报名参加课程改革，课程改革让边春霞老师从一名传统的教书匠逐渐成长为一名具有自己的课程观和课程开发能力的优秀教师，个人成长也进入了快车道。边春霞老师立志改变英语老师教一个单词，学生就会一个单词，"鹦鹉学舌"式的英语教学方式，开发出了更适合中国孩子学习英语的《阶梯英语课程》，它包括了《自然拼读子课程》《情景英语子课程》和《原版阅读子课程》。边春霞老师还开发并正式出版了《小学英语自然拼读教材》。《小学英语自然拼读教材》针对小学生的认知特点，根据字母或字母组合的读音规律，建立字母和语音之间的对应关系，培养学生见词能读、听音能写的能力。边春霞先后在《中小学外语教学》《中国教师报》等专业报刊发表理论文章 11 篇，正式出版了个人专著《小学英语自然拼读》和《基于课程标准的阶梯英语课程研究》。近年来，边春霞先后五次受邀到国家教育行政学院为全国高级校长研修班举办课程改革专题汇报会，受到与会领导、专家的高度评价。边春霞老师倍受学生爱戴，用学生的话说："在我们心目中，小边老师是个大小孩。见了她，我们就高兴。"近年来，边春霞老师先后被评为山东省特级教师、齐鲁名师、齐鲁最美教师提名奖、山东省教科院专家库专家、省级兼职教研员。

课程改革，重要的不是结果，而是过程，是教师专业成长的过程。在课程改革的过程中，教师对这一称呼有了新的认识，开阔了视野，具有了情怀，并逐渐掌握了教育教学的专业技术，教育教学观念发生了深刻变化，课程意识大大增强，教师可以根据当下学生的成长需要，依据国家课程标准，开发独具特色的班本课程、主题课程和综合课程。教师成长模式发生深刻变化，教师成长由外部驱动变为个人自觉，晏婴小学由一支由农村教师为主的教师队伍转变为具有课程观的优秀教师群体，引领教师走上专业化成长之路。在全校共计 103 名教师中，有山东省特级教师 1 名，齐鲁名师 1 名，山东省教学能手 1 名，省级兼职教研员 1 名，山东省教科院特聘专家 3 名，淄博市特级教师 2 名，淄博市名师 3 名，淄博市学科带头人、市级教学能手、市级骨干教师 18 名，另有临淄区名师、区学科带头人、区教学能手、区教学新秀、区优秀青年教师等 34 人，省、市、区共计 54 名，占全校教职工总数的一半以上。近年来，晏婴小学教师获得省级教学成果奖、省级教科研成果奖 5 项，市级社科成果奖、市级教科研成果奖 7 项，在全国核心期刊发表专业论文 29 篇，正式出版个人专著 15 部。

第三节 家长：由教育旁观者转变为教育"同盟军"

当前中国教育已经步入核心素养的新时代，新时代的教育呼唤课程改革的深入推进。以往的课程改革往往局限于学校的院墙之内，成了教育内部的"独角戏"，而将家庭教育和社会教育割裂开来，忽视了家庭教育和社会教育的不可替代性，导致学生接受的是不完整的教育，我们所希望的学生发展核心素养也很难达成。

随着国家教育水平的不断提升和发展，当前中小学生家长群体呈现出"四高"特点，即家长的学历越来越高，素质越来越高，对教育的关注度越来越高，对学校教育的诉求也越来越高。如何让"四高"家长成为办学的"动力源"，尤其是挖掘、利用家长群体中丰富的课程资源，让家长由教育的旁观者转变为课程建设的"同盟军"，对于深化课程改革，促进学生发展核心素养的落地具有十分重大的意义。

一、整合家长资源，让家长由教育局外人转变为资源提供者

苏霍姆林斯基说：只有学校教育而没有家庭教育，或者只有家庭教育而没有学校教育，都不能完成培养人这一极其艰巨而复杂的任务。家长中不仅蕴藏着丰富的课程资源，这些资源还是学校教育所欠缺和急需的。统筹利用好家长资源是对学校教育的有益补充。我校采取以下措施，整合家长资源，让家长由教育局外人转变为资源提供者。一是组建家长课程资源库。学校在坚持自愿、量力而行、发挥特长的前提下，组织家长从个人职业、爱好、特长、合适时间、志愿方式等方面填写《家长课程资源库申请表》，学校进行分类整理汇总，建

立家长课程资源库。如：经统计分类，在志愿加入家长课程资源库的家长中，有 21 名医务工作者，29 名厨师，37 名银行职员，39 名温室大棚种植户，41 名商场工作人员，7 名律师，7 名导游，131 名企业主，等等。学校和教师根据课程实施的需要，到家长课程资源库中查询，让适合的家长参与到课程实施过程中。家长中的医生、律师、厨师、导游、消防员、银行职员等成为重要的课程资源，纷纷走进课堂，丰富了课程内容和形式，深受学生欢迎。同时，学生进入银行、超市、企业、温室大棚等开展综合实践课程。这样，让海量社会资源不为我所有，但为我所用，大大弥补了学校资源的不足。家长课程资源库的组建，让家长中的课程资源由零散变为系统，由闲置变为实用，由被动变为主动，最大限度地发挥其价值，为课程建设服务，为培养"完整的人"服务。当教育者的视野从封闭的校园、狭窄的教室和单调的教科书中解放出来，站在社会大环境中寻找课程资源，拓宽学生成长空间，才能真正打破单一的课堂模式，丰富课堂形态，为学生成长搭建更大的舞台。

二、用好家长资源，让家长由教育旁观者转变为课程志愿者

教育即生活，学校即社会。单纯的学校教育将学生局限于教室和校园的方寸之间，学生的健康全面成长受到很大的局限。有多少学校因为担心学生的安全而剥夺了学生春游、远足的权利。而家长共同体的成立和家长的参与，使学生外出安全这一"老大难"问题不再是问题，家长成为问题解决者和课程服务者。如：本校教师开发的"秋之韵"综合实践课程，需要组织学生到野外去观察大自然，体验大自然，亲近大自然。由于距离较远，教师人手又少，这时，就由家长共同体负责组织家长来担任课程服务员和安全管理员，家长不仅出人，一名家长分工负责五名学生的管理和安全工作，还要出钱（需租赁大巴车），让教师的主要精力放在组织学生分组活动和观察记录上，确保了课程的顺利实施。2016 年 12 月，山东省教科院在晏婴小学召开全省课程整合现场观摩会，有来自全省各地的 1400 余名代表报名参会，由于会场距离参会代表入住的宾馆较远，会务组租用了二十多辆大巴车作为参会代表的通勤车，每辆大巴车需要两名工作人员负责参会代表的组织和服务工作。而学校教职工人数少，抽不出这么多人员为参会代表服务。这时，家长主动承担了参会代表的服务工作，通过家长委员会的微信群通报有关情况，招募家长志愿者。家长委员会还邀请学校的分管校长对家长志愿者进行了上岗培训，从参会代表的报到、入住、通勤、就餐等全部由家长志愿者承担，做到挂牌上岗、服务规范、热情周到，家长志愿者成为现场会一道靓丽的风景，受到参会代表的一致好评。

三、家长深度参与，让家长由学校的"客人"变为"主人"

家长对教育的真正价值不仅在于家长为课程开发和实施出人、出钱、出力，关键在于家长的真实参与和深度参与，在参与的过程中走进学校、懂学校，认同学校的办学理念和育人目标，进而成为教育理念的践行者和合作者，合力达成育人目标。随着晏婴小学课程改革的深入实施，需要对教室进行"改造"，使之与各位教师开发的班本课程相统一，以利于更好地促进班本课程的有效实施。在教室"改造"过程中，晏婴小学做到以课程为主题，以学生为中心，学生成为创意者、设计者，家长们成为参与者、实施者。由于将设计权交给了学生，将制作权交给了家长，原来一个个单调、古板、严肃的教室实现了大"变脸"：原来冷峻的铁皮书橱变成了温馨又随意的小书屋，冷清的窗台上摆满了用各种废弃塑料盒培育的小盆栽，全校统一的深蓝色窗帘换成了各式各样的动感十足的窗帘，有不少学生还将自己最喜爱的玩具带进了教室，一个个原本缺少温度的教室成了学生最喜欢的"家"。家长在深度参与教室文化设计、制作过程中，深刻理解了学校的办学理念，逐渐由旁观者、挑刺者转变为理解者、支持者和合作者。

由于家长的深度参与，家长会也实现了"华丽转身"：原来的家长会是单纯通报学习成绩，现在是老师与家长携手综合分析孩子的学习状态、身体发育、心理特点等；原来的家长会是老师对学生的"告状会"，现在是老师与家长针对孩子身上暴露出的问题的诊断协商会；原来的家长会是老师"独霸"，现在是由家长主持，会议的内容、形式由教师、家长，甚至学生协商确定。这样，由过去的学生、家长怕家长会变为盼家长会，家长由学校的"客人"变为"主人"，逐渐让家长能够站在学校和老师的角度去审视学校、理解学校、配合学校，同时还影响和带动了校长、教师能够站在家长的角度去思考家长最关注什么问题，如何才能更好地培育学生，使学生获得全面健康的成长，从而搭建起了家校协作、无缝衔接的立交桥。

第四节 学生：由被动机械学习转变为主动深度学习

当前的中小学教学以分科教学为主，学科之间知识割裂，壁垒分明，彼此割裂的分科教学和碎片化的知识传授难以发挥整体育人功能，学习学得的是零碎的知识点，学生的学习以机械重复平面式的学习为主，深度学习很难发生，不利于学生综合能力和核心素养的提升。而"学习共同体"，对于打破当前分科教学的弊端，激发学生的探究意识，促进学生深度学习具有积极意义。

一、自选的课程

随着课程改革的逐步深入，晏婴小学的课表发生了一系列变化。由原来的一成不变的"老面孔"变成了灵活多样。平行班级之间课表不同，同一个班级不同周次课表也不同。既有长课、短课，还有单排课、连排课。既可以周内灵活调整，也可以跨周课时合并。课程整合之后，大语文、大数学、综合科登上了课程表。课表因课程和学情的需要而自主调整，使之更有利于课程的实施，更适合学生的成长需要。学校构建了包含基础性课程、拓展性课程和探究性课程为主的个性课程体系，打破了年级和班级界限，全校 1860 名学生实行选课走班，学生根据自己的兴趣、爱好自主选择最喜欢的课程。选课走班，为学生发展提供多元选择，学生由被动学习者转变为课程选择者，让学生真正拥有了课程选择权，课程因自选而适合，因适合而产生学习内驱力，学生主动参与，勇于实践，勤于动手，乐于探究。以晏婴小学"篮球精灵课程"为例，该课程凝聚了一群视篮球为生命的"精灵"，他们来自于全校不同的班级，甚至来自于不同级部。他们在教师的指导下，积极主动地研究篮球起源、练习篮球技能、钻研篮球规则、体会篮球精神，这些学生不仅人人可以上场比赛，还可以担任裁判员、教练员、记分员，甚至可以担任队医，队员中一旦有人受伤学生就可以进行简单地包扎处理。在这样的课程学习中，学生会主动学习，乐于探究，而不是仅仅为了完成老师安排的学习任务，这才是真实性学习。在这样的学习中，学生的学习欲望可以得到持续保持，身体素质得以增强，运动技能得以提升。同时，学生的组织能力、管理能力、规则意识和体育精神都得到提升。

二、拓展的课堂

随着晏婴小学课程整合的逐步深入，课堂由原来一成不变的教室，到搬入图书馆、自助书吧、实验室、公园、社区、超市、温室大棚、采摘园、科技馆、博物馆等，统筹利用了校内外课程资源，拓宽了学生活动空间，丰富了学生学习方式，增加了学生亲身体验的机会，为学生成长搭建更大的舞台。一是拓展课堂样态，让课堂进中心。晏婴小学投资 120 余万元建设了课程实践中心。实践课程引领学生从"解题"转变为"解决实际问题"，着力提升学生普遍缺乏的生活自理能力、动手操作能力、安全自救能力和科学创新能力。二是拓展课堂样态，让课堂进家庭。评选家庭书屋，举办家长读书沙龙，推进亲子共读。让家长由学校教育的旁观者转变为课程的参与者、实施者和促进者，家庭教育成为学校教育的倍增器。三是拓展课堂样态，让课堂进社区。当教育者的视野从封闭的校园、狭窄的教室和单调的教科书中解放出来，站在社会大环境中寻找课程资源，拓宽学生成长空间，才能满足学生个性成长的需要。

课堂"疆域"的拓宽，使得项目学习走进学生。项目学习，使教师能够站在培育"完整的人"的高度去设计、开发课程，它拆除学科藩篱，打破学科边界，构建跨界学习"立交桥"，使学生获得"左顾右盼"的综合能力。如："无线电测向课程"是晏婴小学教师根据国家课程标准和学生的成长需要，由多名教师联合开发的多学科课程，涉及科学、数学、体育等多个学科。该课程以无线电测向为主要载体，就是事先将无线电发射器藏于一隐秘位置，学生自愿组成项目学习共同体，并进行适当分工，有的学生负责运用学到的科技知识对无线电发射器进行测向定位，有的学生负责按测定的方向快速奔跑寻找发射器，有的学生负责记录各种数据，有的学生负责计算运动的距离和速度。该课程以竞准竞速竞算为学习内容，竞技性强，需要团队成员具有良好的合作意识，学生参与积极性很高。在这样的项目学习中，每名学生都能找到适合自己的角色，并能与其他同学进行有效合作。这不仅使学生的身体素质、运算能力、合作能力得以提升，而且大大激发了学生的科学精神，同时还让那些在学科学习中找不到感觉的"边缘生"找回了自我，信心得以增强，能力得以提升。

三、深度的学习

晏婴小学的课程整合从基于课程标准的教学设计入手，到以一门国家课程为主的学科内整合，一直到多学科整合、跨学科整合、超学科整合，课程指向的始终是提升学生关键能力。晏婴小学的"创意表演课程"就是以课本剧的创编和表演为主要形式，以本班居住在同一生活小区的学生为主，利用课余时间自发组成互助性学习共同体。课本剧的编剧、导演、演员、旁白、主持等各种角色都由学生担任，道具、排练、演出、清场等各个环节都由学生分工负责。"创意表演课程"使得学生在课本剧的创编和表演过程中，会经历仅仅在课堂上简单重复的学习所无法比拟的综合性学习，学生既要动脑（剧本创编、根据不同同学的情况合理分配角色）、动手（道具制作与采购、布置彩排现场）、动口（联系排练场地、矫正演员口语）。同时，家长成为重要的课程资源，家长既要参与课本剧的编排与指导，还要参与服装、道具的筹备及各项服务工作。对于这样的课程，学生的参与积极性非常高，不仅学生的写作能力、表达能力、沟通能力、组织能力得到明显提升，尤其是学习共同体成员之间的感情日益深厚，超出了一般同学的友谊，"独生子女"中普遍存在的自私冷漠、以自我为中心的心理得到很大改善。

"视觉思维课程"是晏婴小学教师开发的跨学科课程，它既涉及美术课程，又涉及传统文化课程，打破了学科的局限和边界，立足于让学生通过该课程的学习和探究获得审美能力、鉴赏能力、思维能力等多种能力。该课程的施教时间跨度为一个学期，学生对课程的学习要经历画出来、写出来、展出来、讲出来等多个阶段，引领学生步步深入，持续引发学生深度学习。一是画出来。在学期之初，依据课程目标，让学生明确本学期要学习的内容和达成的学习目标。学期结束，本课程结业时要举办班级书画作品展，届时要邀请外班同学、家长、老师，甚至校长参观书画作品展。有了这样的课程目标，会大大激发学生的学习积极性。二是写出来。就是临近学期结束，要由学生来制定、撰写书画展实施方案。展览方案要包括展览目标、展区划分、布展分工、展览评价等多项内容。展览方案要由师生共同协商，反复修改。三是展出来。就是学生按照修改后的展览方案，进行布展。展览要做到布局合理，疏密有度。四是讲出来。就是布展结束后，由学生担任解说员，向前来参观书画展的老师、同学和家长进行现场解说。这样，"视觉思维课程"要经历从画出来到写出来、展出来、讲出来等各个环节，步步深入，层层推进，引领学生深度学习，学生由被动学习者转变为深度学习者，学生的绘画能力、审美能力、鉴赏能力、研究能力都得到提升。同时，由于该课程时间跨度大，涉及面广，环节复杂，仅靠个人的单打独斗是无法完成的，需要学习共同体成员相互协作，密切配合，使得学生的动手能力、组织能力、合作能力和思维能力获得提升。为了进一步促成深度学习，晏婴小学的课表发生了一系列变化。由原来的一成不变的"老面孔"变成了灵活多样：平行班级之间课表不同，同一个班级不同周次课表也不同。既有长课、短课，还有单排课、连排课；既可以周内灵活调整，也可以跨周课时合并。这样，课表因课程实施的需要而自主调整，更有利于学生的综合学习，更有利于促进学生深度学习。

随着课程改革的深入，学生成为确定研究对象和学习内容的主体，而不是由教师或家长来指定学习内容强加于学生。对于这样的研究对象和学习内容，学生更感兴趣，更贴近学生实际，更适合学生的成长需要，学生的参与欲望和探究意识也更加强烈，更有利于引领学生的学习由被动学习转变为主动学习。学生的学习由平面化转变为立体化。课程改革以前以分科为主的学习，学生习得的更多是碎片化的割裂的知识，学生对所学知识缺乏系统深入的学习。课程改革以后，突破了机械重复平面式的学习方式，学生的学习由浅入深，由点及面，步步深入，让学生的学习变得"立体"，更有利于激发学生的学习内驱力，激励学生动手实践、深度探究，使之成为引发深度学习的催化剂。